Die Magie der Tarot Karten

Titel der Originalausgabe: *The Witch of the Forest's Guide to Tarot Magick*

www.librero-ibp.com

Veröffentlicht im Einvernehmen mit
The Quarto Group

Redakteurin Chloe Murphy
Cover- und Innenillustrationen von
Viki Lester von Forensics & Flowers
Design von Georgie Hewitt

Aus dem Englischen von Anne Döbel
(für iMport/eXport)
Lektorat: Anika Seemann
Satz: iMport/eXport

Gedruckt und gebunden in China

ISBN 978-94-6359-714-2

DIE MAGIE DER TAROT KARTEN

HANDBUCH FÜR DIE MODERNE HEXE

LINDSAY SQUIRE
ILLUSTRIERT VON VIKI LESTER

Librero

Inhalt

EINFÜHRUNG

Seit Beginn meines Hexendaseins ist Tarot eine meiner Leidenschaften. Es war die erste Art des Wahrsagens, die ich ausprobierte, und sie ist mir seitdem die liebste geblieben. Seit 15 Jahren bin ich Hexe und lege Tarot, seit etwa 5 Jahren biete ich professionelle Sitzungen an. Ich glaube, dass Tarot uns in Kontakt mit unseren wahren Gefühlen bringt, damit wir uns auf einer tieferen Ebene besser verstehen. Leider wird fälschlich oft angenommen, dass Tarotkarten die Zukunft voraussagen. Tatsächlich leiten sie uns spirituell und schaffen eine Verbindung zu unserer inneren Weisheit und ein besseres Verständnis für uns.

Ein Tarotdeck besteht aus 78 Karten, jede mit ihrer eigenen Bedeutung und Symbolik. Jedes Deck ist unterteilt in die großen Arkana (22 Karten) und die kleinen Arkana (56 Karten). Die Beschäftigung mit Tarot ist für mich wie das Erlernen einer Sprache: Es braucht Zeit, Geduld und Durchhaltevermögen, aber mit Übung und Hingabe spricht man sie fließend.

Ich erinnere mich gut daran, wie ich meine ersten Karten online bestellte – ein klassisches Rider-Waite-Smith-Deck – und ungeduldig auf die Lieferung wartete. Meine Entscheidung fiel nach sorgfältigen Überlegungen auf dieses Tarot, denn die Illustrationen der Karten enthielten so viel Symbolik als Hinweise auf ihre Bedeutung, dass es zum Lernen sehr geeignet ist. Dazu finden sich auch Bilder meines eigenen Tarotdecks (von der unglaublichen Viki Lester @forensicsandflowers entworfen), das auf dem klassischen Rider-Waite-Smith-Deck basiert, auf den Buchseiten. Mehr über die Symbolik von Tarot steht auf Seite 26.

Als ich die Karten zum ersten Mal in der Hand hielt, war ich aufgeregt, aber auch überfordert – es schien eine Mammutaufgabe zu sein, die Bedeutung der 78 Karten zu lernen, sowohl richtig herum als auch umgedreht auf dem Kopf. Ich wusste nicht, wie ich beginnen sollte. Inzwischen finde ich, dass das eine ganz natürliche Reaktion ist, speziell am Anfang einer Reise als

Hexe. Es gibt noch so viel zu lernen, und Tarot stellt da keine Ausnahme dar.

Mein Buch ist entstanden, weil ich für diejenigen schreiben wollte, die gerade beginnen, sich mit Tarot vertraut zu machen. Ihnen möchte ich die Bedeutung jeder Karte so nahebringen, dass es leichter fällt, sie sich zu merken. Dazu gebe ich praktische Hinweise zur Wahl des ersten Decks, wie eine Verbindung zu den Karten hergestellt wird und wie sie gepflegt werden. Ich hoffe, dass es mir gelungen ist, das geheimnisvolle Tarot zugänglicher zu machen.

Da es verschiedene Lernstile gibt, beschreibe ich mehrere Methoden, da wären die Numerologie, die Reise des Narren und die Symbolik jeder Karte für ein tieferes Verständnis. Das Buch beschäftigt sich damit, wie wichtig Intuition beim Legen und Deuten ist, und wie die Energie und Kraft der Karten in der Hexerei eingesetzt werden können.

Nicht alle Hexen legen Tarot und nicht alle, die Tarot legen, sind notwendigerweise Hexen. Wer eine Hexe ist, legt nicht automatisch Tarot – viele entscheiden sich aus eigenen Gründen dagegen und das ist in Ordnung! Die Wahl trifft jede für sich, niemand wird zur schlechteren Hexe, nur weil er oder sie sich gegen das Legen von Tarotkarten entscheidet.

Wo immer du dich gerade auf deiner Tarot-Reise befindest, ich hoffe, dieses Buch hilft dir auf deinem Weg. Ich fühle mich sehr geehrt, dass ich dich ein Stück auf deiner Reise begleiten darf, so wie auch du mich begleitest.

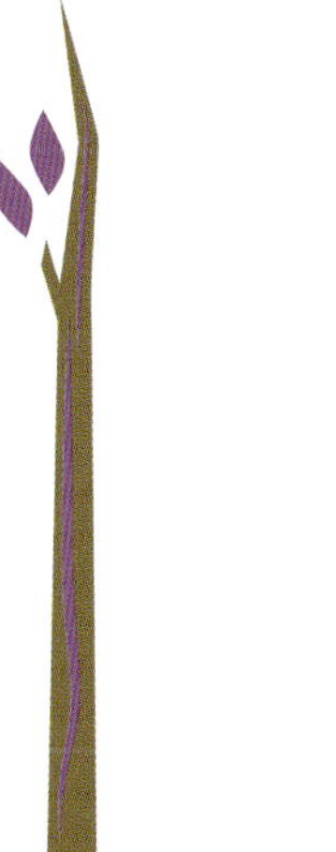

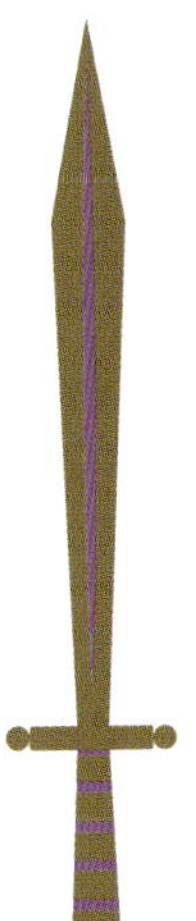

Dinge, die du wissen solltest, *bevor du weiterliest:*

Tarot geht es nicht um Vorhersagen

„Wahrsagen" ist die Kunst, verborgenes Wissen mit Deutungshilfen wie dem Tarot zu nutzen. Entgegen der landläufigen Meinung dient Tarot nicht der Vorhersage der Zukunft. Tarotkarten zeigen uns mögliche Ausgänge einer Situation, denn die Zukunft ist fluid und nicht in Stein gemeißelt. Wir besitzen die Macht, sie zu verändern, wenn uns die Tarotkarten etwas zeigen, was uns nicht gefällt. Sie helfen uns beim Navigieren durch unser Leben und beim Reflektieren über Dinge, die wir sonst nicht beachtet hätten.

Was ist Kartomantie?

Kartomantie (Kartenlegen) ist eine Form des Wahrsagens mit 52 Spielkarten. Bereits seit der Mitte des 14. Jahrhunderts gibt es sie und war an den königlichen Höfen Europas sehr beliebt. Daraus entwickelte sich das heutige Tarotdeck.

Wie unterscheiden sich Kartenlegen und Tarot?

Das Kartenlegen ergibt meist eindeutigere Antworten, während es beim Tarot viele versteckte Deutungen gibt. Bei den Tarotkarten spielt die Intuition eine große Rolle, mit der die feinen Energien der Karten aufgenommen werden. Tarot-Legungen sind also häufig sehr viel detaillierter und gehen tiefer als das Kartenlegen.

Sei zu Beginn deiner Tarot-Reise nicht eingeschüchtert.

Die Aufgabe, sich die 78 Karten einzuprägen, kann sich wie ein enormes Vorhaben anfühlen, es geht aber auch anders! Fang klein an und nimm dir täglich zehn Minuten Zeit, um eine Karte zu ziehen (siehe Seite 20), das macht es überschaubarer. Dein Umgang mit den Karten wird auf diese Weise zur Alltagsroutine.

Kauf nicht viele verschiedene Tarotdecks

Zwar besitzen viele, die Tarot legen, mehr als einen Kartensatz, zu Anfang ist das aber wirklich nicht notwendig. Such dir ein Deck aus, das dich anspricht (siehe Seite 13) und halte dich in deiner Lernphase daran, damit du eine Beziehung dazu aufbauen kannst. Du kannst mit deinem Deck auch alle Tarot-Zauber durchführen, obwohl manche Hexen dafür lieber extra Karten nehmen. Handhabe es so, wie es sich für dich richtig anfühlt.

Deine Intuition ist dein stärkstes Werkzeug

Deine Intuition ist mächtig und wichtig beim Kartenlesen. Sie hilft uns bei der Interpretation der Karten, die zarten Energien der Karten zu verstehen. Es ist wichtig, die Grundbedeutung jeder Karte zu kennen, aber ebenso kommt es auf die Intuition an. Sie kann der Schlüssel zu den Geheimnissen der Karten sein, besonders, wenn du dich überfordert fühlst und keinen Anfang findest.

Du brauchst die Tarotkarten nicht für andere zu legen, um Tarotlegerin zu sein

Wenn du Tarotkarten legst, bist du Tarotlegerin, ob du sie für andere legst oder nicht! Es gibt keine Regel, die besagt, dass alle Tarotleger auch für andere als für sich selbst legen müssen. Wenn es sich für dich nicht richtig anfühlt, fühl dich nicht verpflichtet.

Tarot kann man lernen

Wenn du mit Hingabe auf deiner Tarot-Reise unterwegs bist, kannst du die Bedeutungen und Energien der Karten lernen. Du musst dafür nicht mit speziellen übernatürlichen Fähigkeiten ausgestattet sein, Tarot ist für jeden zugänglich. Einige besitzen eine angeborene Übersinnlichkeit, für Tarot ist sie nicht nötig, denn diese Fertigkeit kann gelernt, vertieft und geübt werden.

0
Der Narr

X

XXI
Die Welt

1

Die Tarot-Reise beginnt

Deine Reise beginnt, wenn du dich nach deinem ersten Tarotdeck umschaust. In diesem Kapitel erhältst du Tipps für die Wahl der Karten, damit du die findest, die zu dir sprechen und mit denen du dich verbinden kannst.

Vielleicht hast du schon davon gehört, dass es nicht gut sein soll, dass man sich sein Deck selbst kauft, weil sich das auf die Verbindung zu den Karten auswirkt. Wir beleuchten beide Seiten dieser Theorie, damit du entscheiden kannst, was für dich am besten ist. Wenn du ein Deck gefunden hast, auf das du dich einlassen kannst, oder wenn du bereits eines besitzt, ist es wichtig zu wissen, wie du damit umgehst und eine Verbindung herstellst, um die Geheimnisse des Tarots zu entschlüsseln. Ein Teil dieses Kapitels widmet sich Methoden und Übungen, die die anfängliche Verbindung zu deinem Deck vertieft und dir hilft, dich auf seine Energien einzustellen.

Außerdem schauen wir uns verschiedene und durchführbare Methoden an, mit denen du die Bedeutungen der Karten lernen kannst, darunter auch die Methode, die mir geholfen hat, damit sie auch anderen nützlich ist. Orakelkarten sind eine weitere beliebte Form des Wahrsagens und obwohl unser Thema Tarot ist, thematisieren wir Unterschiede und Ähnlichkeiten der beiden.

Denk daran, dass Tarot eine lebenslange Reise ist. Du musst also nicht alles auf einmal lernen, sondern kannst dir dafür Zeit lassen.

Der Kauf des ersten Tarotdecks

Informiere dich über verfügbare Decks. Welcher Stil oder welches Design springt dir ins Auge?

Geh in ein Geschäft, in dem du die Karten sehen und in die Hand nehmen kannst. Spür ihre Energien und lass dich von deiner Intuition leiten.

Du kannst deine Karten natürlich auch online kaufen! Informiere dich aber vorab genügend.

Es gibt die Ansicht, dass Tarotkarten geschenkt und nicht selbst gekauft werden sollten, aber das ist Aberglaube!

Es macht nichts, wenn du dir noch nicht sicher bist! Das Rider-Waite-Smith-Deck ist eine gute Wahl, auf ihm beruhen die meisten modernen Decks.

Die Wahl des Tarotdecks

Die Wahl der Karten ist eine sehr persönliche Angelegenheit. Es gibt ein so großes Angebot von klassisch bis modern, bunt oder einfarbig oder von abstrakt bis traditionell. Nimm das, von dem du dich angezogen fühlst.

Zunächst solltest du recherchieren. Schau, welche Decks es gibt, damit du testen kannst, welches dich anspricht. Vielleicht gehst du in ein Geschäft, das Spirituelles oder Okkultes führt, und wo du verschiedene Decks ansehen und in den Händen halten kannst. So merkst du, ob du zu bestimmten Karten neigst oder zu einem speziellen Stil der Illustrationen. Nicht alle mögen es, ihre Karten online zu kaufen – ich persönlich hatte noch nie ein Problem damit –, aber achte auf billige Plagiate schlechter Qualität.

Führt deine Recherche zu keiner Entscheidung, ist das in Ordnung! Das Rider-Waite-Smith-Tarot (oder eines, das darauf aufbaut, wie das Tarot Magick-Deck) ist ein solider Anfang mit einer symbolreichen Bebilderung, die beim Lernen sehr nützlich ist. Mit diesem Deck habe ich mich selbst auf meine Reise begeben und kann es als erstes Tarot nur empfehlen.

Die Bedeutungen und Energien des Rider-Waite-Smith-Decks gelten allgemein als noch immer gültig. Seit seinem Erscheinen 1909 war es Inspiration für unzählige Kartensätze. Einige, wie mein eigenes Tarot Magick-Deck (siehe Kapitel 3 und 4), spiegeln die Symbolik der Rider-Waite-Smith-Karten wider. Auch abstraktere Karten basieren letztlich auf der Symbolik des Rider-Waite-Smith-Decks. Aber die Wahl liegt bei dir – hör auf deine Intuition!

Geschenkt oder gekauft?

Es gibt die Ansicht, dass ein Tarotdeck geschenkt und nicht gekauft werden sollte. Manche glauben, dass Karten, die man sich selbst gekauft hat, nicht für einen selbst funktionieren und sogar Pech und negative Energie verbreiten. Ich kann ehrlich behaupten, dass nichts weniger wahr sein könnte!

Eine mögliche Erklärung für diese Einstellung könnte sein, dass Tarotkarten früher, statt gekauft zu werden, von einer Generation an die nächste weitergegeben wurden, so dass sie immer mächtiger und energiegeladen wurden, wenn sie durch die Hände vieler Besitzer gingen. Zweifellos würden die meisten Hexen ein Deck lieben, das durch die Generationen ihrer Familie durchgereicht wurde, aber diese Art zu denken ist unpraktisch.

Ich möchte hier ganz deutlich sagen, dass es in Ordnung ist, sich ein eigenes Deck zu kaufen! Auf die Art bekommst du die Karten, mit denen du eine Verbindung herstellen kannst. Ich habe zahlreiche Kartensätze, viele davon habe ich selbst ausgesucht und gekauft, was einer Verbindung zu ihnen nie im Weg stand.

VERBINDE DICH MIT *deinen Karten*

Für die Verbindung mit deinem Tarotdeck kannst du aus vielen Methoden wählen. Im Folgenden schauen wir uns eine der geläufigsten Arten an, aus denen du die raussuchen kannst, die bei dir eine Saite anschlagen.

Verbringe Zeit mit den Karten

Der Schlüssel zur Verbindung mit deinem ersten, oder jedem weiteren, Tarotdeck ist das regelmäßige Benutzen und das Üben. Misch die Karten, halte sie und – am wichtigsten – übe! Je intensiver der Umgang, umso stärker werden sich eure Energien gegenseitig befeuern und sich verbinden. Wenn du sie gerade nicht benutzt, halte die Karten in deiner Nähe, in deiner Handtasche oder Hosentasche, und leg sie bei der Arbeit auf deinen Schreibtisch. Je mehr Zeit du mit dem Deck verbringst, umso besser! Achte darauf, die Karten respektvoll zu behandeln.

Schau die Karten durch

Stell dein Telefon ab und setz dich an einen Ort, an dem dich niemand stört. Nimm Notizblock und Stift mit, falls du etwas aufschreiben möchtest. Sieh dir in Ruhe alle Karten deines Decks an. Was zieht deine Aufmerksamkeit auf sich? Zu welchen Karten fühlst du dich sofort hingezogen? Bleib neugierig. Lass dir Zeit bei der Durchsicht.

Meditiere visuell mit den Karten

Das visuelle Meditieren ist eine großartige Methode, dein Deck kennenzulernen. Setz dich mit einer Karte, mit der du in Einklang bist, bequem hin. Ist eine Person darauf abgebildet, stell dir vor, dass du neben ihr stehst und mit ihr sprichst. Frage sie, wer sie ist und was sie macht und nimm alle Emotionen und Gefühle dabei wahr.

Schlaf mit deinen Karten

Dies gehört zu meinen Lieblingsmethoden, mich mit einem neuen Deck zu verbinden. Leg die Karten entweder unter dein Kissen oder auf deinen Nachttisch. Die Idee ist, dass du dich im Schlaf unbewusst mit den Karten verbindest und das Band zwischen euch stärker wird. So können Botschaften dich in deinen Träumen erreichen.

Die „Befragung"

Die Methode eignet sich hervorragend, um die Energien deines Decks zu erforschen. Legst du die Karten wie auf der gegenüberliegenden Seite, lernst du die Stärken und Schwächen deines Decks kennen und was es dich lehren kann. Mehr darüber, wie du Tarotkarten für dich selbst legst, findest du auf Seite 144.

Fragen an deine Tarotkarten

1.
Beschreibe dich selbst.

2.
Welche Lektionen soll ich mit deiner Hilfe lernen?

3.
Welches sind deine Stärken?

4.
Welches sind deine Schwächen?

5.
Wie kann ich am besten von dir lernen?

6.
Für welche Legesysteme eignest du dich am besten?

7.
Welche Botschaft hast du für mich?

Die Pflege deiner *Tarotkarten*

Deine Karten sind eine energetische Verlängerung deiner selbst. Durch sie bekommst du Zugang zu verborgenem Wissen und erhältst Botschaften deines höheren Bewusstseins. Als Instrument, das mit Energie arbeitet, braucht dein Deck eine gute Pflege, um im Bestzustand zu bleiben. Ein großer Anteil kommt dabei dem respektvollen Umgang zu. Wenn du es gerade nicht benutzt, bedecke es oder wickle es in ein Tuch oder leg es in einen Stoffbeutel, um es energetisch zu schützen. Zum physischen Schutz leg es geschützt an einen Ort fern von neugierigen Blicken ab.

Reinige deine Tarotkarten wie einen Kristall, bevor du sie benutzt. Sie sind Energieleiter, von denen du alles Negative entfernen musst, damit die Energie beim Legen frei fließen kann. Nennen wir es spirituelle Hygiene. Die Reinigung vor jedem Gebrauch wird zwar empfohlen, aber sie kann unkompliziert gestaltet werden. Das Reinigen ist besonders wichtig, wenn du ein neues Deck hast, weil du nicht wissen kannst, welche Energien es aufgenommen hat, bevor es zu dir kam.

Unter den vielen Reinigungsmethoden für deine Karten musst du nur die herausfinden, welche sich für dich richtig anfühlt. Falsch oder richtig gibt es dabei nicht, solange du dich respektvoll verhältst. Die beliebteste Reinigung ist das Verbrennen von Kräutern, wobei der Rauch negative Energie verscheucht. Ein Bündel Rosmarin und Beifuß zu verbrennen und damit das Deck zu reinigen, ist eine fantastische Art, unerwünschte Energie zu vertreiben. Du solltest zusätzlich dein Deck 24 Stunden lang zur Tiefenreinigung auf eine Selenit-Tafel legen.

Eine weitere Methode ist das Sortieren mit anschließendem Mischen. Zieh die großen Arkana heraus und lege die vier Kartenfarben ab, beginne mit dem Ass, zum Schluss den König. Schau dir das sortierte Deck an, dann nimm die Karten und misch sie gründlich. Du kannst dein Deck auch 24 Stunden für eine Tiefenreinigung in ein Salzbett legen, einige Stunden reichen aber auch.

Oder du nutzt die Energie von Mond und Sonne zur Reinigung. Lass deine Karten an einem sonnigen Tag einige Stunden im reinigenden Sonnenlicht baden oder leg sie unter den Vollmond für ein Mondbad.

Die Pflege
deiner
Tarotkarten
Behandle deine Karten
mit Sorgfalt und Respekt.
Verbrenne Kräuter zur
Rauchreinigung.
Schütze dein Deck
energetisch und körperlich –
bei Nichtgebrauch bedeckt an
einem sicheren Ort.
Lass die Karten
im Sonnen- oder
Mondlicht baden.
Leg das Deck zur
Selbstreinigung auf eine
Selenit-Tafel.
Gib deine Karten auf ein
Salzbett zur Tiefenreinigung.

VERTRAUE DEINER INTUITION
II
B
J
DIE HOHEPRIESTERIN

TAROT *versus Orakel*

Eigentlich geht es in diesem Buch um die ersten Schritte auf deiner Tarot-Reise, aber eine weitere Form der Kartomantie (Wahrsagen mit Karten) sind die Orakelkarten. Wenn du Social Media nutzt, hast du vielleicht schon eine beachtliche Menge Fotos mit wunderschön gestalteten Orakelkarten gesehen. Wie aber unterscheiden sich diese Karten von den Tarotkarten? Oder sind sie gar dasselbe?

Tarot- und Orakeldecks unterscheiden sich in vielen Punkten. Der erste ist die Anzahl der Karten im Deck. Ein Standard-Tarotdeck umfasst 78 Karten in einer traditionellen Struktur, aufgeteilt in die großen Arkana (22 Karten) und die kleinen Arkana (56 Karten). Zu den großen Arkana gehören Karten wie der Tod, die Hohepriesterin und der Narr. Die kleinen Arkana gibt es in vier Kartenfarben – Kelche, Schwerter, Münzen und Stäbe – in der Folge von Ass bis König. Orakelkarten sind lockerer strukturiert und meist nicht, wie Tarotkarten, bestimmten Farben zugeordnet, sie sind freier in ihrer Gestaltung und Bedeutung. Für Orakeldecks gibt es keine vorgeschriebene Anzahl an Karten. Einige Sätze bestehen aus nur 15 Karten, andere aus bis zu 100 Karten.

Die meisten Tarotdecks basieren auf dem Rider-Waite-Smith-Deck, so dass eine Karte aus jedem beliebigen Satz dieselbe Bedeutung hat – der Stern beispielsweise steht in jedem Deck immer für Hoffnung und Glaube. Der einzige Unterschied zwischen den Tarotdecks ist die Art, in der die Künstler die 78 Karten gestalten. Orakelkarten andererseits können auf allem aufbauen (Göttinnen, Astrologie, Pflanzen, Natur, Tiere, um nur ein paar Möglichkeiten zu nennen), so dass die Karten ihre ganz eigenen Bedeutungen je nach Thema des Decks besitzen. Orakeldecks halten sich an keine bestehenden Regeln wie Tarotkarten, sondern stellen ihre eigenen auf.

Bei einer Legung mit Orakelkarten ist die Botschaft meist leichter zu verstehen, denn sie ist auf der Karte vermerkt und kann als Mantra oder Affirmation verwendet werden. Bei einer Tarot-Legung erhalten wir oft Botschaften, die schwerer verständlich sind. Orakel- und Tarot-Karten sind zwar auf viele Arten unterschiedlich, dennoch ist kein System besser oder schlechter als das andere. Beide haben ihren Wert als erkenntnisreiche Spielarten der Kartomantie.

DIE ERSTEN SCHRITTE

EINE KARTE AM TAG

Viele finden es einfacher und weniger einschüchternd, ihre Tarot-Reise mit kleinen Schritten zu beginnen. Dabei hilft es, jeden Tag nur eine Karte zu ziehen. Dafür kann man sich morgens eine kleine Zeitnische einrichten, es reichen schon zehn Minuten, um ein Tarot-Ritual in den Alltag zu integrieren. Du musst nicht täglich viele Stunden damit zubringen, dich mit deinen Karten anzufreunden, vermutlich lässt sich so ein intensiver Zeitplan gar nicht aufrechterhalten. Zieh eine Karte am Tag, das ist ein realistisches und machbares Ziel.

Ich habe mich auf diese Art auf meine eigene Reise begeben und habe so die Bedeutung der Karten gut gelernt. Beim Ziehen der Karten kannst du um Führung für den Tag bitten und um Hilfe bei der Lösung eines Problems. Wenn es dir am Morgen nicht so gut passt, finde eine bessere Zeit für dich – auch dabei gibt es kein Richtig oder Falsch. Ziehst du lieber abends eine Karte, bitte beispielsweise darum, den vergangenen Tag zu überdenken und welche Rolle er für dein Leben spielt.

Wenn du dir jeden Tag etwas Zeit für das Ziehen einer Karte nehmen möchtest, suche dir dafür einen Ort, an dem du nicht gestört wirst. Manche zünden dabei Kerzen oder Räucherwerk an, aber das entscheidest du. Denk beim Mischen an die Frage, die du stellen möchtest. Für das Mischen gibt es keine Regel, mach es so, wie es sich für dich gut anfühlt.

Einige Menschen besitzen die angeborene Fähigkeit, mit Tarot umzugehen, andere finden es schwierig zu lernen, denk aber nicht, dass es deine Möglichkeiten übersteigt. Je mehr Energie du in den Aufbau einer persönlichen Beziehung hineingibst, umso mehr wird dir zurückgegeben. Jeder kann mit einer Mischung aus Intuition und Wissen Tarot erlernen. Alle Fähigkeiten lassen sich durch Fleiß, Hingabe und mit den richtigen Techniken und Methoden verbessern.

Erste Schritte mit deinen Karten

Ein guter Start ist es, sich täglich ein wenig Zeit zu nehmen, zehn Minuten reichen schon, um eine Karte zu ziehen.

Das ist eine gut umsetzbare Art, die Bedeutung der Karten zu lernen.

Das Ziehen einer Karte am Morgen ist sehr beliebt, aber finde den für dich passenden Zeitpunkt des Tages.

Ein Tarot-Tagebuch ist ein ausgezeichnetes Mittel zur Selbsterforschung und Reflexion, das dein Verständnis für die Karten vertieft.

Schreib alles auf – die tägliche Karte, Reflexionen über Karten, andere Legesysteme und die Karten, die du dabei gelegt hast.

Das Tagebuch eignet sich sehr, wenn du nach Rat suchst (siehe Seite 22). Die Fragen geben dem Kartenlegen oder den Reflexionen Struktur.

Los geht die Reise

TAROT-TAGEBUCH

Du kannst deine Tarot-Reise auch mit dem Führen eines Tagebuchs beginnen, in dem du deine Gedanken und Gefühle zu der Karte aufschreibst, die du ziehst, aber auch alle intuitiven Botschaften, die du empfängst. Du kannst tägliche Reflexionen festhalten oder Legesysteme, die du während der Entwicklung deiner Fähigkeiten ausprobierst. Nutze es als persönliches Instrument zur Selbstreflexion und Meditation.

Anfangs war ich nicht wirklich der Tagebuchtyp, aber ich hielt durch und heute bin ich sehr froh darüber! Das Festhalten der täglichen Ziehung und anderen Deutungen half mir, mein Verständnis für die mit jeder Karte assoziierten Energie zu vergrößern und wie sie manifestiert. Das tägliche Tagebuchführen kann anfangs schwierig sein, dabeizubleiben auch, aber mit Disziplin wirst du merken, wie bereichernd und hilfreich es ist.

Als Tagebuch eignet sich so ziemlich alles: ein Notizbuch, ein Ringordner, Teil deines Grimoires, das Buch der Schatten oder ein speziell dafür gekauftes Schreibheft. So, wie du alles hineingeben kann, was du mit deiner Tarot-Reise verbindest, kannst du es strukturieren, wie es dir gefällt. Einige mögen das Bullet-Format, andere fügen Bilder und Zeichnungen von Karten hinzu und wieder andere machen Tagebuchübungen. Diese Übungen können nützlich sein, wenn du ein wenig Starthilfe brauchst.

Hier ist eine Auswahl an Tagebuchübungen für die Ziehung deiner täglichen Karte:

- Was denkst du spontan, wenn du die Karte siehst, die du gezogen hast? Wie fühlst du dich dabei?
- Beschreibe die Karte in allen Einzelheiten. Der Reichtum an Details wird dich überraschen. Was siehst du? Hebt sich etwas besonders ab? Beschreibe die Charaktere auf der Karte. Was machen sie? Wie sieht die Umgebung aus?
- Siehst du Symbole auf der Karte, die besonders auffällig sind? Hat sich deine Einstellung zu der Karte durch das genaue Gucken verändert?
- Recherchiere die Schlüsselwörter der Karte, die du gezogen hast. Wenn du die Energie der Karte mit einem Wort beschreiben solltest, welches wäre das?
- Das Folgende mag schräg klingen, versuch es aber ruhig! Wenn die Karte eine Person wäre, was würde sie sagen? Wenn die Karte einen Rat für dich hätte, welcher wäre das?
- Nenn drei Dinge, die dir an der Karte gefallen.
- Was gefällt dir nicht an der Karte?
- Nenn drei Dinge, die du schwierig findest an der Karte.
- Wie kannst du die Energie der Karte für dein Leben nutzen?

VI
III
IX

XVI
Der Turm
Bube
VII
Der Wagen
Ritter
Die Gerechtigkeit
XIV
Die Mäßigkeit
XV
Bube
XIII
XVII
Der Stern
VI
Die Liebenden

2

Tarot kennenlernen

In diesem Kapitel lernst du Hilfsmittel kennen, mit denen du dich mit deinen Tarotkarten vertraut machen kannst. Sie eignen sich nicht nur zum Erlernen der Bedeutung der Karten und ihrer Energien, du kannst sie auch beim Kartenlegen verwenden oder der täglichen Ziehung mit ihnen mehr Tiefe verleihen. Allgemein gilt, je mehr Energie du in das Üben hineinlegst, umso stärker wirst du wachsen und Verständnis und Wissen erlangen. Wenn du dazu noch die für dich richtige Methode für das Kartenlernen findest, nimmt deine Reise zusätzlich Fahrt auf.

Außerdem schauen wir uns an, wie wir die visuelle Symbolik des Decks nutzen können – also Farben, Hintergrundszenen, Stellung der Personen – und machen einen Abstecher in die Numerologie für ein allgemeines Verständnis für die Zahlen 1–10. Mit diesen beiden Methoden kannst du eine solide Grundlage für dein Tarot-Wissen schaffen, um darauf aufzubauen.

Danach geht es um die praktische Anwendung der Karten und ihrer Deutung, um deinem Verständnis eine weitere Ebene zuzufügen. Manchmal suchen wir beim Kartenlegen nach einer einfachen, direkten Antwort auf eine brennende Frage. Vielleicht ist dir schon bewusst, dass Tarotkarten, und speziell die großen Arkana, Ja/Nein-Antworten geben können.

Und schließlich gucken wir uns die Beziehung zwischen Tarot und Timing an, denn die Karten können Hinweise darauf geben, wie lange es dauert, bis etwas geschieht oder in unserem Leben manifestiert. Ausschlag geben die vier Kartenfarben – Kelche, Schwerter, Münzen und Stäbe.

DAS *Rider-Waite-Smith-Deck* ALS GRUNDLAGE

Weil sehr viele Tarotdecks auf den Karten des klassischen Rider-Waite-Smith-Tarot basieren, wird es dir helfen, mit anderen Decks in Verbindung zu treten, wenn du dich richtig gut mit diesem auskennst. Die reiche Symbolik der Rider-Waite-Smith-Karten lässt dich dazu die tiefere Bedeutung der Karten verstehen. Das bereichert den Umgang mit ihnen und hilft bei der Vertiefung deiner Fähigkeiten beim Kartenlegen. Zu Beginn deiner Tarot-Reise dienen sie dir als ausgezeichnete Erinnerungen oder Stichworte für die zentrale Bedeutung der Karten. Mir hat das sehr dabei geholfen, mir die Bedeutung einzuprägen und die Energie jeder Karte und so basieren viele Illustrationen in diesem Buch auf den Bildern des klassischen Rider-Waite-Smith-Decks (allerdings mit einigen Abweichungen).

Wenn du die Symbolik zur Deutung heranziehen möchtest, lass dir Zeit und betrachte die Bilder gründlich. Vielleicht taucht ein Symbol immer wieder auf den Karten auf, die du ziehst, aber es kommt sehr auf den Zusammenhang an. Siehst du häufiger Rosen auf den Karten, schau dir die weitere Szene darauf an. Wer hält die Rose? Gehört sie zum Hintergrund? Gibt es ein Wechselspiel mit anderen Symbolen? Die ungeschriebene und bisweilen abstrakte Sprache der Symbole zu lesen, heißt, zwischen den Zeilen zu lesen und hinter das Offensichtliche zu schauen, um feinere Bedeutungen zu entdecken.

Denk bei der Einbeziehung der Symbolik auch daran, was du schon weißt. Schau dir die Symbole auf der Karte an, die zu gezogen hast. Kommt dir etwas bekannt vor? Vielleicht hast du dich schon mit der Farbentsprechung beschäftigt und weißt, dass Blau mit Spiritualität und Wahrheit assoziiert wird. Das lässt sich auf die Hohepriesterin übertragen, die blau gekleidet ist. Weitere Informationen über die Farbentsprechung findest du auf der gegenüberliegenden Seite. Eine andere Technik zur Entschlüsselung der Symbolik ist, die eigene Verbindung zur Karte zu überdenken. So lässt sich Sonne mit Wärme, Freude und Kraft assoziieren, die sich mit der Karte Sonne verbinden lassen. Es wird dich überraschen, wie viel du anhand deines bereits vorhandenen Wissens deuten und verstehen kannst. Lass dir Zeit. Hilfreich ist es auch, im Tarot-Tagebuch einen Abschnitt für Symbole einzurichten, den du weiter ausbaust, je mehr du wächst.

Rot
Handeln, Leben, Leidenschaft, Inspiration, Energie, Maskulinität

Orange
Herausforderungen bestehen, Willensstärke, Harmonie, Ziele

Gelb
Maskuline Energie, höchste Bewusstseinsebene, höhere Reiche, Kreativität, Klarheit, Intellekt

Blau
Unterbewusstsein, selbstbeobachtender Gemütszustand, Spiritualität

Violett
Luxus, Opulenz, übersinnliche Energie, Geheimnisse, Spiritualität

Schwarz
Geheimnis, das Unbekannte

Weiß
Unschuld, Reinheit, klare Gedanken, Reinigung, Frieden

Grün
Üppigkeit, Natur, Wachstum, Leben, Gesundheit

Rosa
Übersinnliche Verbindung, Freude, Sinnlichkeit

Schwarz-Weiß
Dualität, Ausgleich, vermischte und kombinierte Energien, maskuline und feminine Energien

Braun
Praktisch, irdisch, erdend, Stabilität, nährend

Regenbogenfarben
Üppigkeit, Wünsche werden wahr, Glück, Erfüllung, Hoffnung

TAROT & Timing

Wenn wir für uns oder andere legen, fragen wir nach dem „Was“, aber manchmal möchten wir auch das „Wann“ erfahren. Hier kommen einige Arten, den zeitlichen Verlauf mithilfe des Tarots zu bestimmen.

DIE KARTENFARBEN

Mit den Kartenfarben der kleinen Arkana lässt sich beim Tarot sicherlich am leichtesten etwas für die zeitliche Abfolge ablesen. Von den verschiedenen Versionen benutze ich diese seit Jahren:

STÄBE – Tage
SCHWERTER – Wochen
KELCHE – Monate
MÜNZEN – Jahre

Um genauere Hinweise zu erhalten, kannst du die nummerierten Karten der großen Arkana (Ass bis 10) dazunehmen. Wenn du zum Beispiel die Sieben der Stäbe ziehst, lässt sich das als in sieben Tagen deuten. Liegt die Karte umgedreht, kann das auf Hindernisse innerhalb dieses Zeitrahmens hindeuten, die zu überwinden oder zu lösen sind.

Möchtest du wissen, zu welcher Jahreszeit das Ereignis stattfinden könnte, schau dir die vier Asse des Decks an. Jedes Ass steht für eine Jahreszeit: Sie können auch für einen Tag, eine Woche, einen Monat oder ein Jahr stehen, je nach Kartenfarbe.

ASS DER SCHWERTER – Winter
ASS DER STÄBE – Frühling
ASS DER KELCHE – Sommer
ASS DER MÜNZEN – Herbst

DIE GROßEN ARKANA

Die Karten der großen Arkana werden mit den 12 Zeichen des Tierkreises assoziiert. Mit ihnen lässt sich der Zeitrahmen bestimmen.

DER NARR
Wassermann (20.01.–18.02.)
DER MAGIER
Zwillinge und Jungfrau (21.05.–20.06. und 23.08.–22.09.)
DIE HOHEPRIESTERIN
Jungfrau (23.08.–22.09.)
DIE KAISERIN
Stier und Waage (20.04.–20.05. und 23.09.–22.10.)
DER KAISER
Widder (21.03.–19.04.)
DER HIEROPHANT
Stier (20.04.–20.05.)
DIE LIEBENDEN
Zwillinge (21.05.–20.06.)
DER WAGEN
Krebs (21.06.–22.07.)
DIE KRAFT
Löwe (23.07.–22.08.)
DER EREMIT
Jungfrau (23.08.–22.09.)
DAS RAD DES SCHICKSALS
Schütze und Krebs (22.11.–21.12. und 21.06.–22.07.)
DIE GERECHTIGKEIT
Waage (23.09.–22.10.)
DER GEHÄNGTE
Fische (19.02.–20.03.)
DER TOD
Skorpion (23.10.–21.11.)
DIE MÄßIGUNG
Schütze (22.11.–21.12.)
DER TEUFEL
Steinbock (22.12.–19.01.)
DER TURM
Widder (21.03.–19.04.)
DER STERN
Wassermann (20.01.–18.02.)
DER MOND
Fische (19.02.–20.03.)
DIE SONNE
Löwe (23.07.–22.08.)
DAS GERICHT
Skorpion (23.10.–21.11.)
DIE WELT
Steinbock (22.12.–19.01.)

Numerologie & Tarot

Die Numerologie befasst sich mit dem Studium von Zahlen und ihrer Auswirkung auf unser Leben. Sie ist untrennbar mit Tarot verbunden, durch sie kannst du viel erfahren, was du für die Auslegung brauchst. Anfangs kann dir die Numerologie helfen, die Kernaussagen der Karten zu verstehen, sie fügt dem Kartenlegen eine weitere Ebene hinzu.

Für das Tarot brauchst du dir aus der Numerologie nur die allgemeine Bedeutung der Zahlen 1 bis 10 zu merken, so wie auf der gegenüberliegenden Seite angegeben. Jede Zahl steht für etwas, was sich zur Interpretation der Karten heranziehen lässt, außer beim Narren, der die 0 trägt.

Bei Karten mit einer zweistelligen Zahl, wie die Hofkarten und einige der großen Arkana, addiere beide Stellen miteinander, bis du eine Zahl zwischen 1 und 10 erhältst.

Die Hofkarten der kleinen Arkana sind folgendermaßen nummeriert:

BUBEN = 11
RITTER = 12
KÖNIGINNEN = 13
KÖNIGE = 14

Bei einer Königin egal welcher Kartenfarbe wäre die Zahl 1+3=4, wobei die Zahl 4 für Struktur, Manifestation und Stabilität steht. Bei der Sonne, einer Karte der großen Arkana mit der Kartennummer 19, wäre es 1+9=10. 10 repräsentiert Erneuerung und Wiedergeburt. Für Karten mit der Zahl 10 und niedriger setzt du die Bedeutungen ein, die du auf der Seite gegenüber findest.

Mit der Kombination aus deinem Numerologie-Wissen und den oben genannten Eigenschaften kannst du alle 56 Karten der kleinen Arkana lesen und interpretieren.

Legst du für dich oder andere, achte auf wiederkehrende oder herausstechende Zahlen, da sie dir sagen können, welche Bereiche des Lebens Aufmerksamkeit benötigen. Allgemein stehen gerade Zahlen häufig für Kraft und Stabilität, ungerade oft für Instabilität und Wandel.

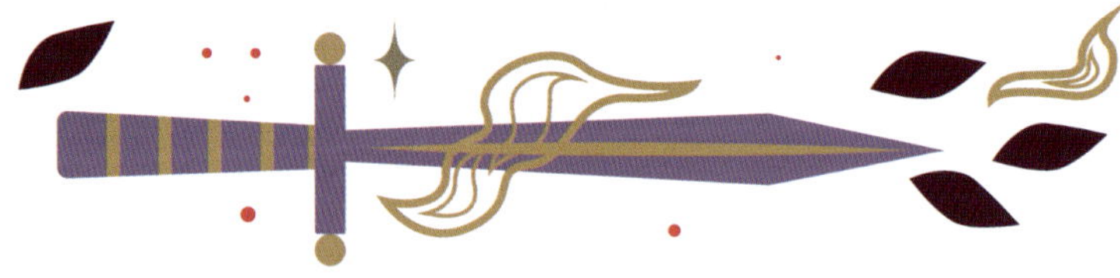

Zahlen und ihre Bedeutung 1–10

Eins:
Neuanfang, Individualität, Neuerung, Willensstärke, Einheit

Zwei:
Dualität, Gegensätze, Polarität, Intuition, Reflexion, Partnerschaft

Drei:
Ausdruck, Expansion, Gemeinschaft, Kreativität, Geburt, Wachstum

Vier:
Stabilität, Sicherheit, Autorität, Grundlage, Struktur

Fünf:
Veränderung, Konflikt, Entscheidungen, Evolution, Instabilität

Sechs:
Verantwortlichkeit, Hingabe, Harmonie, Heim

Sieben:
Inspiration, Spiritualität, Frieden, Wahrheit, Meditation, Weisheit

Acht:
Erfolg, Anstrengung, Energie, Kraft, Wachstum, Handlung, Regeneration

Neun:
Vollendung, Loslassen, Akzeptanz, Reflexion, Erfüllung

Zehn:
Ende, Erneuerung, Wiedergeburt, Kreisläufe, Karma, endgültige Manifestation

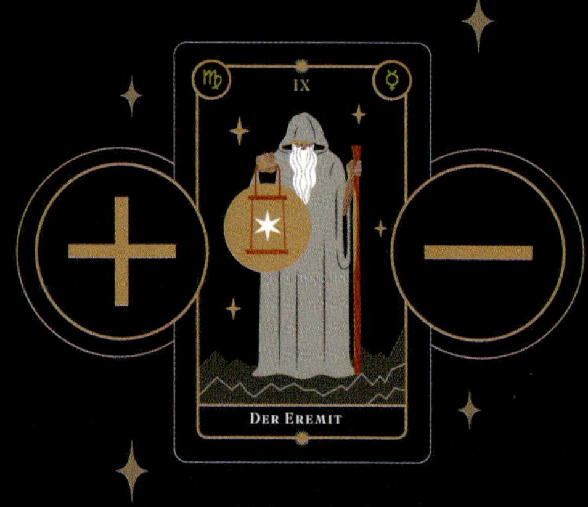

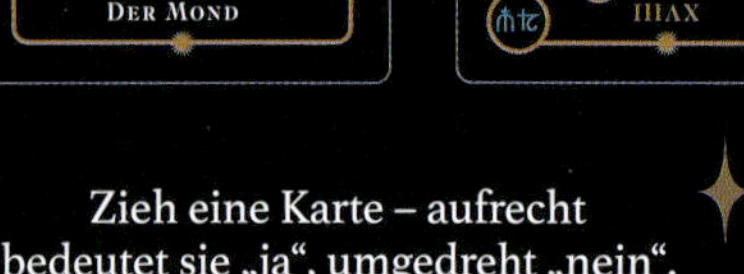

Zieh eine Karte – aufrecht bedeutet sie „ja“, umgedreht „nein“.

Deine positive oder negative Assoziation mit der Karte bestimmt die Antwort „ja“ oder „nein“.

Methoden zum Erhalt von Ja/Nein-Antworten

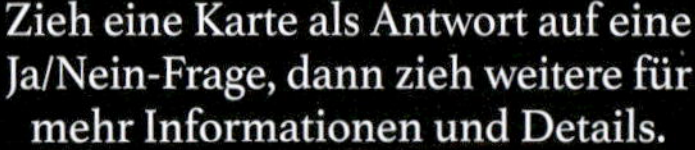

Zieh eine Karte als Antwort auf eine Ja/Nein-Frage, dann zieh weitere für mehr Informationen und Details.

Schau dir die Karte, die du gezogen hast, genau an und frag deine Intuition und dein Kartenwissen, ob die Antwort ja oder nein lautet.

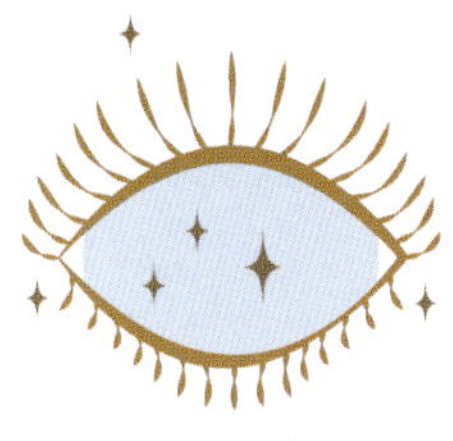

JA/NEIN-Fragen

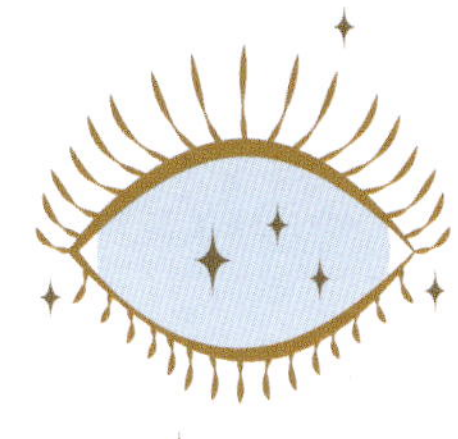

Irgendwann kommst du auf deiner Tarot-Reise (ob du für dich oder jemand anderen legst) vielleicht in die Lage, dass du auf eine Frage eine Ja/Nein-Antwort möchtest. Das lässt sich leicht umsetzen, du brauchst nur die Karten zu mischen und dich dabei auf die Frage zu konzentrieren, dann zieh eine Karte. Deine positive oder negative Assoziation mit der Karte gibt dir einen guten Hinweis darauf, ob die Antwort ja oder nein ist. In den Kapiteln 3 und 4 habe ich mit aufgenommen, ob eine Karte für „ja" oder „nein" steht, obwohl es auch Karten gibt, die uneindeutige Antwort geben und daher als „vielleicht" gelesen werden sollten.

Einige Kartenleger mögen diese Art der Befragung nicht, weil die Zukunft nicht festgelegt ist und sich mit unseren Handlungen wandelt. Tarot erzählt nicht von einer unveränderlichen Zukunft. Stattdessen erschaffen wir selbst unsere Zukunft und können die Richtung wechseln, wenn es uns nicht gefällt, wie die Dinge laufen.

Daher kann es schwierig sein, auf eine Frage mit ja oder nein zu antworten.

Trotz der begrenzten Möglichkeiten solltest du diese Methode nicht verwerfen, wenn du ein gutes Gefühl dabei hast. Sei dir aber bewusst, dass die Botschaft eingeschränkt sein kann. Tarot kann ein Füllhorn an Informationen mit vielen Bezügen auf die jeweilige Situation aufdecken, aber bei einem einfachen Ja oder Nein geht eine Menge davon verloren. Das kannst du vermeiden, indem du eine Nachfolgekarte (oder so viele du möchtest) ziehst, die dir mehr Details über die Antwort verrät. Auf diese Weise gräbst du für die Antwort ein wenig tiefer.

Einfacher an die Antwort kommst du, wenn du die Karten mischt und eine ziehst. Liegt sie aufrecht, heißt das ja. Verkehrtherum bedeutet sie nein. Eine andere Methode ist es, die gezogene Karte zu studieren und mit deiner Intuition und deinem Wissen über die Karte zu bestimmen, ob du ein „Ja" oder ein „Nein" erspürst.

ELEMENTE UND HERRSCHENDE *Planeten*

Die Karten jedes Tarotdecks werden mit einer Fülle von astrologischen Informationen assoziiert, die für das Einprägen der Karten nützlich sind. Nicht nur wird jede Karte einem bestimmten Tierkreiszeichen zugeordnet, sondern auch einem Planeten. Das ist hilfreich, wenn du dein Wissen über die Energie jeder Karte vertiefen möchtest. Sowohl Tarot als auch Astrologie bieten ausgezeichnete Möglichkeiten für Introspektion. Kombinierst du beide, fügst du deinem Kartenlesen eine weitere Ebene hinzu.

Alle Karten eines Tarotdecks werden mit einem der vier Elemente assoziiert, zu finden in den Kartenbeschreibungen weiter hinten im Buch. In der kleinen Arkana sind die vier Kartenfarben (Stäbe, Schwerter, Münzen und Kelche) auf eines der Elemente ausgerichtet, das einen bestimmten Typ Energie beiträgt:

Kelche

WASSER – Emotionen, Intuition, Qualität der Beziehungen, Freundschaft, Spiritualität

Schwerter

LUFT – Handlung, Intelligenz, Ideen, Logik, Kommunikation, Gedanken, Wahrheit

Münzen

ERDE – Geld, Reichtum, materieller Besitz, Durchführbarkeit, Zuhause, Gesundheit, Großzügigkeit

Stäbe

FEUER – Inspiration, Enthusiasmus, Energie, Handlung, Ziele, Verstand, Ehrgeiz, Träume

ASTROLOGISCHE ENTSPRECHUNGEN:

Bedeutung der Planeten

SONNE – das Selbst, Lebenskraft, Ego, Bewusstsein, Sinn, Selbstentfaltung

MOND – Instinkte, Emotionen, Intuition, das Unbewusste, Gewohnheiten, Stimmungen

MERKUR – Intellekt, Vernunft, Kommunikation, Verstand, Intelligenz, Logik

VENUS – Liebe, Anziehung, Schönheit, Kunst, Harmonie, Beziehungen, Werte, Vergnügen

MARS – Handlung, Aggression, Sehnsucht, Energie, Sex, Leidenschaft, Antrieb, Mut

JUPITER – Expansion, Optimismus, Fülle, Glück, Wachstum, Leistung

SATURN – Struktur, Pessimismus, Vorbehalte, Verantwortung, Selbstdisziplin, Recht, Grenzen

URANUS – Rebellion, Aufruhr, Exzentrizität, Unvorhersehbarkeit, Befreiung

NEPTUN – Illusionen, Einbildung, Vorstellungskraft, Träume, Weltflucht, Spiritualität

PLUTO – Transformation, Kraft, Besessenheit, Tod, Wiedergeburt

Bedeutung der Tierkreiszeichen

WIDDER – Aggressive Energie, impulsiv, unabhängig, Inspiration, wetteifernd, enthusiastisch

STIER – Stabilität, Schönheit, Freude, sinnlich, bodenständig, praktisch, verlässlich

ZWILLINGE – Kommunikation, Vernunft, Dynamik, sozial, Ideen, Menschenliebe

KREBS – Intuitiv, mitfühlend, emotional, sentimental, sensibel, häuslich

LÖWE – Selbstbewusst, offen, selbstsicher, aufbrausend, Charisma, mag Aufmerksamkeit

JUNGFRAU – Praktisch, analytisch, sanft, loyal, charmant, kreativ, abenteuerlustig

WAAGE – Ausgeglichenheit, unparteiisch, Gerechtigkeit, Verteidiger, unentschlossen, abenteuerlustig

SKORPION – Leidenschaftlich, Selbstvertrauen, stur, mutig, stark, dominant

SCHÜTZE – Offen, flexibel, großzügig, extrovertiert, optimistisch, enthusiastisch, intelligent

STEINBOCK – Intelligent, stabil, verantwortlich, geheimnisvoll, geerdet, diszipliniert, fleißig

WASSERMANN – Exzentrisch, innovativ, kompromisslos, fantasievoll, unabhängig, unkonventionell

FISCHE – Mitfühlend, intuitiv, übersinnliche Fähigkeiten, anpassungsfähig, emotional, kreativ

UMGEDREHTE *Karten*

Tarotkarten können ihrer Lage gemäß unterschiedliche Bedeutungen haben, je nachdem, ob sie aufrecht oder mit dem Kopf nach unten liegen (umgedreht). Die Vermutung liegt nahe, dass die aufrechten Karten eher positive Botschaften tragen und die umgedrehten eher negativ, tatsächlich ist es aber etwas schwieriger. Während einige Bedeutungen der umgedrehten Karten negativer als ihre aufrechte Position sind, ist dies keine allgemeingültige Regel. Das Leben ist nicht schwarz und weiß, und die umgedrehten Karten lassen uns die Schattierungen einer Situation besser erkennen, damit dein Verständnis für die Tarotkarten wächst.

Umgedrehte Karten können die Aufmerksamkeit auf jedes Thema lenken, das mit deiner Situation zu tun hat. Außerdem sind sie nützlich, um Blockaden oder Rückschläge zu identifizieren, und was zu tun ist, damit Hürden überwunden werden und die Dinge wieder ins Rollen kommen. Ob du die umgedrehten Karten in deine Deutung aufnimmst, ist ganz allein deine Wahl, nicht jeder macht das. Nur du entscheidest, ob es sich für dich richtig und gut anfühlt.

Der Gehängte
Der Stern
Die Kaiserin
Der Tod
Der Kaiser
Die Mäßigkeit
Der Turm
XVI
Der Teufel
Die Welt
XIX
XVIII
XX

3

Die großen Arkana

Ein Tarotdeck teilt sich in zwei Bereiche – die großen Arkana und die kleinen Arkana. Die großen Arkana umfassen die ersten 22 Karten des Decks, die Namen tragen wie der Tod, der Mond und der Eremit. Die erste Karte ist der Narr mit der 0, so dass die letzte Karte der großen Arkana (die Welt) die Nummer 21 trägt. Alle zusammen repräsentieren sie die großen Themen, die dir auf deiner Reise durch dein Leben begegnen. Ihre archetypische Bedeutung sind die Langzeitaspekte im Leben, sie helfen dir, das große Ganze zu erkennen.

Die Karten der großen Arkana (manchmal auch Trumpfkarten genannt), stehen für alle Arten von Lebenserfahrungen, darunter Liebe, Tod, Verlust und Glück und halten bei ihrer Erforschung wertvolle Lektionen für dich parat. In chronologischer Reihenfolge erzählen sie über die Reise des Narren, so steht dessen spiritueller Pfad für deine eigene Lebensreise mit den Herausforderungen und Prüfungen, die dir dabei begegnen.

Versuch einmal, nur die großen Arkana zu legen. Es ist eine unglaublich machtvolle Legeweise, die dir Erkenntnisse über deinen Weg zur Selbsterfahrung vermittelt. Das Ergebnis mag nicht so detailliert sein, aber dafür direkt und eindeutig. Meist ist diese Art, Tarotkarten zu legen, bedeutenden Fragen vorbehalten und dann am besten in 3er- oder 4er-Legung, siehe dafür Seite 149.

Der Narr

HERRSCHENDER PLANET Uranus **TIERKREISZEICHEN** Wassermann **ELEMENT** Luft **JA ODER NEIN** Ja **SCHLÜSSELWÖRTER AUFRECHT** Neuanfänge, Jugend, Abenteuer, Optimismus, Gelegenheiten, Spontaneität, Freigeist, Neuaufbruch, Potenzial, Freiheit, Unschuld, blinder Glaube **SCHLÜSSELWÖRTER UMGEDREHT** Risikobereitschaft, Gedankenlosigkeit, Unachtsamkeit, Narrheit, Naivität, kindisch, zögerlich, verpasste Gelegenheit, wenig Erfahrung

Die Reise des Narren

Hier nimmt die Reise des Narren ihren Anfang. Wir sehen den Narren am Rand einer Klippe stehen, wie er begeistert den ersten Schritt ins Unbekannte macht. Die Sonnenstrahlen wärmen ihm den Rücken.

Bedeutung aufrecht

Die Karte wird mit Neuanfängen, Abenteuern und Aufbrüchen in Neues assoziiert – vielleicht beginnt gerade etwas in deinem Leben oder tritt in eine neue Phase. Die freigeistige Natur des Narren spiegelt dein Bedürfnis nach Freiheit wider. Er ist sich nicht bewusst, dass er kurz davor ist, über den Rand zu treten, weil er nicht auf den Weg achtet. Er ist eine Mahnung, dass dein Geist möglicherweise nicht auf die vor dir liegende Aufgabe fokussiert ist. Die Karte steht zudem für Entdeckungen und wird daher mit dem Planeten Uranus assoziiert.

Die Gestalt auf der Karte ist jung und so wird die Karte mit Jugend, Energie und unbegrenztem Potenzial assoziiert. Sie steht für ein neugieriges Wesen und einen spontanen Charakter. Die Sonne, die am Himmel scheint, ist Hinweis auf eine große Portion Optimismus bezüglich seiner Reise und macht den Narren zu einer positiven Karte. Der Hund neben ihm repräsentiert Schutz und Loyalität. Reinheit und Unschuld umgeben den Narren. Die vor ihm liegenden Hürden und Herausforderungen, repräsentiert durch die Berge im Hintergrund, nimmt er nicht wahr.

Bedeutung umgedreht

Der Narr ist dabei, den ersten Schritt zu machen, über der Schulter trägt er an einem Stock einen Beutel, der so klein ist, dass deutlich wird, dass er nicht gut auf seine Reise vorbereitet ist. Das ist gedankenlos, denn wer sich nicht vorbereitet, riskiert, zu versagen. Der Narr steht für Unachtsamkeit und zu großer Risikobereitschaft, die zu verschenkten Gelegenheiten führen können. Andererseits könntest du auch Chancen verpassen, wenn du zu zögerlich bist – deine Angst vor dem Unbekannten lähmt dich, hindert dich daran, vorwärtszugehen.

0
Der Narr

Der Magier

HERRSCHENDER PLANET Merkur **TIERKREISZEICHEN** Zwillinge und Jungfrau **ELEMENT** Luft **JA ODER NEIN** Ja **SCHLÜSSELWÖRTER AUFRECHT** Manifestation, Einfallsreichtum, Stärke, Herrschaft, begeistert handeln, Einsicht, Verständnis, Möglichkeiten, Student und Lehrer, göttliche Führung **SCHLÜSSELWÖRTER UMGEDREHT** Manipulation, schlechte Planung, ungenutzte Talente und Fähigkeiten, fehlende geistige Klarheit, Arroganz, Gier, Ego, Illusionen

Die Reise des Narren

Die erste Person, die der Narr auf seiner Reise trifft, ist der Magier. Er ist ein Lehrer und eine selbstsichere männliche Figur, die die vier Elemente beherrscht. Er versetzt den Narren in Trance, damit auch er die Macht über die vier Elemente erhält. Der Magier möchte dem Narren dessen wahres Potenzial zeigen.

Bedeutung aufrecht

Der Magier steht vor einem Tisch, auf dem seine greifbaren Werkzeuge stehen: ein Kelch (Wasser), ein Schwert (Luft), Münzen (Erde) und ein Stab (Feuer). Er besitzt alles, was er braucht, damit seine Träume manifestieren und wahr werden. Er erinnert uns an unser unbegrenztes Potenzial, denn du hast alles, was nötig ist, damit du das Leben führst, das du möchtest. Dafür steht das Unendlichkeitssymbol über dem Kopf des Magiers.

Der Magier repräsentiert Selbstvertrauen, er mahnt uns, an unsere eigenen Fähigkeiten zu glauben. Er trägt ein helles Gewand, das für einen klaren Geist und Verständnis steht und einen roten Mantel für Verständnis. Er streckt einen Arm nach oben und hält damit einen Stab mit weißer Spitze, der andere Arm zeigt nach unten auf die Erde, damit er sowohl das spirituelle als auch das materielle Reich kanalisieren kann. Misch die Instrumente beider Reiche, um deine Sehnsüchte zu manifestieren. Im Hintergrund stehen die weißen Lilien auf der Karte für Reinheit, Frieden, Wahrheit und Fülle.

Bedeutung umgedreht

Umgedreht kann der Magier dafür stehen, dass du mit dir haderst, was die Manifestation deiner Ziele betrifft. Dafür könnte eine schlechte Planung verantwortlich sein. Um aber die Energien des Magiers zu nutzen, die Dinge zu manifestieren, die du willst, musst du einen klaren Plan haben. Ist dein Geist nicht klar genug, behindert auch er das Fokussieren auf die Energien, das heißt, dass du deine Fähigkeiten und Fertigkeiten nicht voll ausnutzt oder absichtlich deine Talente und Gaben verbirgst. Umgedreht steht diese Karte auch für Manipulation, Ego, Arroganz und Gier.

I
Der Magier

DIE HOHEPRIESTERIN

HERRSCHENDER PLANET Mond **TIERKREISZEICHEN** Jungfrau **ELEMENT** Erde **JA ODER NEIN** Antwort nicht klar **SCHLÜSSELWÖRTER AUFRECHT** Intuition, Unterbewusstsein, Spiritualität, Weisheit, Bewusstsein, geheimes Wissen, Introspektion, Meditation **SCHLÜSSELWÖRTER UMGEDREHT** Verbindung zur Intuition unterbrochen oder nicht auf die Intuition hören, Eifersucht, sich zurückziehen, Geheimnisse, Manipulation

Die Reise des Narren

Der Narr dreht sich um und sieht die geheimnisvolle Hohepriesterin. Er erklärt ihr, dass er die vier Elemente erhalten hat, aber unsicher ist, was er mit ihnen machen soll. Sie sagt nichts (ihre Karte ist die der Untätigkeit), aber zeigt ihm die Rolle, die sie hält und die sie teilweise mit ihren Händen verdeckt als Zeichen, dass sich dieses geheime Wissen und die Weisheit nur denen zeigt, die dafür bereit sind.

Bedeutung aufrecht

Die Hohepriesterin sitzt zwischen einer dunklen und einer hellen Säule, die für Dualität und Ausgleich stehen. Sie sind außerdem eine biblische Anspielung an die zwei Säulen am Eingang zu Salomos Tempel in Jerusalem. Und sie weisen darauf hin, dass du mehr Balance in dein Leben bringen solltest.

Die Symbolik ihrer Haltung zeigt die Verbindung der Karte zu Intuition, Spiritualität und Bewusstsein. Auch wird sie mit dem Mond assoziiert. Sie ist die Einladung, sich mit den eigenen intuitiven Kräften und dem Wissen zu verbinden. Die Hohepriesterin wird mit dem Unbewussten assoziiert, erkennbar an der Mondsichel zu ihren Füßen. Ihr Schleier, ihre Krone und ihr blaues Gewand stehen symbolisch für ihre Intuition und ihr heiliges Wissen. Sie ist allwissend und teilt ihre Weisheit mit dir, damit du lernst, wie du auf dein Bauchgefühl hörst und ihm vertraust.

Die Untätigkeit der Hohepriesterin zeigt, dass es Zeit ist, dich auf deine inneren Energien zu fokussieren. Sie steht für das Zurückziehen, für Meditation und für sofortiges Drosseln des Tempos.

Bedeutung umgedreht

Umgedreht kann die Hohepriesterin bedeuten, dass deine Verbindung zu deiner Intuition fehlt. Das kann unbewusst sein oder mit Absicht. Die Hohepriesterin ist die Einladung, innezuhalten, in sich zu schauen und empfänglicher zu sein. Deine Intuition versucht, dich zu leiten. Lass dich nicht von Selbstzweifeln zurückhalten. Die umgedrehte Hohepriesterin hat auch eine Schattenseite und kann für Manipulation, Eifersucht und Geheimnisse stehen.

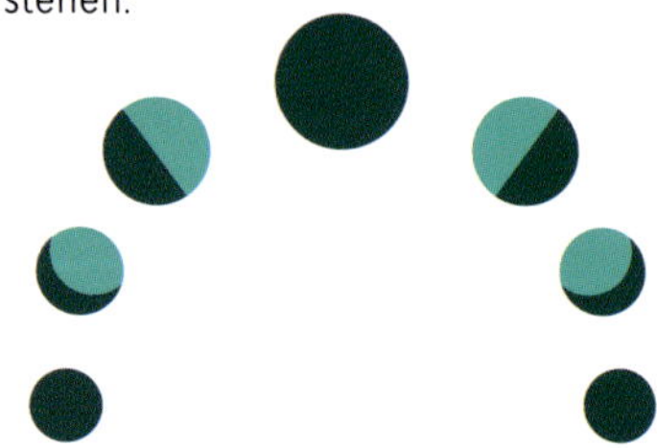

II
B
J
DIE HOHEPRIESTERIN

III
DIE KAISERIN

Die Kaiserin

HERRSCHENDER PLANET Venus **TIERKREISZEICHEN** Stier und Waage **ELEMENT** Luft **JA ODER NEIN** Ja **SCHLÜSSELWÖRTER AUFRECHT** Fülle, Fruchtbarkeit, Schwangerschaft, Weiblichkeit, Schönheit, Natur, fürsorglich, Friede, Freude, Empfänglichkeit, bedingungslose Liebe **SCHLÜSSELWÖRTER UMGEDREHT** Kreative Blockade, Abhängigkeit, Dürre, unerwartete Schwangerschaft, Fruchtbarkeitsprobleme, Besorgnis darüber, was andere denken

Die Reise des Narren

Der Narr setzt seine Reise fort und trifft auf die Kaiserin. Er spürt ihre warme, mitfühlende und sorgende Natur, sie erinnert ihn an seine Mutter. Die Kaiserin nährt und kümmert sich um den Narren, sie offenbart ihm die Geheimnisse der Schöpfung, bevor sie ihn zurück auf seinen Weg schickt.

Bedeutung aufrecht

Die Kaiserin steht für Fülle, Fruchtbarkeit und Schwangerschaft, versinnbildlicht durch die Myrtenblätter und grünen Hügel um ihren Thron. Sie steht nicht nur für die eigentliche Schwangerschaft und Geburt, sondern auch für persönliches Wachstum, die Geburt neuer Ideen und jede Form der Kreativität. In der Hand hält die Kaiserin ein Zepter mit einer Kugel am oberen Ende, das weibliche und männliche Fruchtbarkeit repräsentiert. Ihre Krone mit 12 Sternen (für die 12 Tierkreiszeichen und Monate des Jahres) demonstriert ihre Verbindung zum spirituellen Reich und den Kreisläufen der Natur.

Das Herzsymbol auf dem Schoß der Kaiserin ist das von Venus, ein Zeichen ihrer femininen Energie (das jedes Geschlecht kanalisieren kann) und ihrer mitfühlenden und fürsorglichen Natur.

Sie nimmt die Gestalt von Mutter Erde an, dafür stehen die grünen Hügel, aber auch der Fluss zu ihren Füßen. Sie fordert dich auf, dich mit diesen Energien zu verbinden und hinaus in die Schönheit der Natur zu gehen, um dein Bewusstsein zu erhöhen. Die Kaiserin steht außerdem dafür, die Freuden des Lebens zu genießen.

Bedeutung umgedreht

Umgedreht weist die Kaiserin auf kreative Blockaden und Barrieren hin, die dir im Weg stehen und dich am Fortkommen hindern. Vielleicht hast du eine neue Idee oder ein neues Projekt, bei dem es nicht vorangeht. Die Kaiserin könnte ein Zeichen dafür sein, dass du dem, was andere Leute denken, zu viel Gewicht beimisst – verwende diese Energie lieber produktiv. Sie signalisiert ebenso einen Mangel an Fülle – finanziell, materiell, körperlich, emotional und mental – sowie Probleme mit der Fruchtbarkeit oder eine ungeplante Schwangerschaft.

IV
Der Kaiser

Der Kaiser

HERRSCHENDER PLANET Sonne **TIERKREISZEICHEN** Widder **ELEMENT** Feuer **JA ODER NEIN** Ja **SCHLÜSSELWÖRTER AUFRECHT** Autorität, Struktur, Stabilität, Vaterfigur, Festigung, Patriarchat, Führungsfigur, Regulierung, Schutz **SCHLÜSSELWÖRTER UMGEDREHT** Dominanz, exzessive Kontrolle, Verlust der Disziplin, Starrheit

Die Reise des Narren

Weiter geht die Reise des Narren zum Kaiser, der auf einem geschmückten Thron sitzt. Er regiert sein Reich mit Autorität. Je mehr Zeit der Narr mit dem Kaiser verbringt, umso stärker sieht er ihn als Vaterfigur. Zum ersten Mal lernt der Narr Disziplin kennen und die Regeln, die damit einhergehen, und schließlich erkennt er, dass er Strukturen braucht, damit er sicher und auf festem Weg weiterreisen kann.

Bedeutung aufrecht

Als Vater des Tarotdecks steht der Kaiser für Autorität, Struktur und Festigung. Sein Bart zeigt, dass er weise ist. Er sitzt steif auf einem großen Thron, der mit vier Widderköpfen geschmückt ist, die seine Verbindung mit dem Tierkreiszeichen Widder symbolisieren. Der Kaiser trägt ein rotes Gewand als Symbol für seine Macht und Lebensenergie, die zusätzlich durch das Anch (ägyptisches Symbol für Leben) in seiner Hand symbolisiert wird. In der anderen Hand hält er eine Kugel, die für die Welt steht, über die er herrscht. Daran sehen wir, dass die Karte mit Führung, der Verantwortung und dem Mut verbunden ist, die damit einhergehen. Im Rider-Waite-Smith-Deck trägt er eine Rüstung unter seinem roten Gewand als Zeichen dafür, dass der Kaiser mit Schutz assoziiert wird.

Der Kaiser wird mit Stabilität assoziiert, zu erkennen an den schneebedeckten Bergen hinter seinem Thron. Er ist ein solides, ausgeglichenes Fundament, eine Einladung, die eigenen Energien zu erden. Und er steht für die Vorteile von Strukturen im Leben. Die Berge repräsentieren die härtere Seite des Kaisers, aber der Fluss, der vor ihm verläuft, zeigt seine sanftere, emotionalere Seite.

Bedeutung umgedreht

Umgedreht kann der Kaiser dafür stehen, dass du zu unflexibel bist. Er fordert dich auf, dich anzupassen und offener gegenüber neuen Denkweisen und Handlungsarten zu sein. Schränke dich nicht zu sehr durch zu viele Grenzen und Zwänge ein, mach dich frei von Dingen, die dich zurückhalten. Ein Übermaß an Struktur bedeutet, dass du dich einer Veränderung zu sehr entgegenstellst. Umgedreht repräsentiert die Karte zudem übermäßige Autorität, Kontrolle, Disziplin und Macht. Oder sie ist der Hinweis, dass du für dich, deine Ansichten und Meinungen einstehen sollst.

V
DER HIEROPHANT

DER HIEROPHANT

HERRSCHENDER PLANET Venus **TIERKREISZEICHEN** Stier **ELEMENT** Erde **JA ODER NEIN** Unsicher **SCHLÜSSELWÖRTER AUFRECHT** Spirituelle Weisheit, religiöse Überzeugungen, Tradition, Gemeinschaft, Unterrichten **SCHLÜSSELWÖRTER UMGEDREHT** Persönliche Ansichten, schlechte Anleitung, Machtmissbrauch, Zweifel an Gegebenheiten

Die Reise des Narren

Jetzt ist der Narr bereit, die Fürsorge seiner Eltern zu verlassen und macht sich auf den Weg. Er möchte nun ein unabhängiger Erwachsener sein, aber es gibt noch so viel zu lernen. Auf seinem Weg trifft er auch den Hierophanten. Der Narr stellt ihm seine brennenden Fragen und der Hierophant antwortet. Er lehrt den Narren verschiedene Traditionen, Religionen und Kulturen. Der Narr erfährt, wie es ist, Teil einer großen Gemeinschaft zu sein. Der Hierophant beantwortet viele Fragen des Narren über die Geheimnisse des Lebens.

Bedeutung aufrecht

Der Hierophant ist ein religiöser und spiritueller Führer, der meist als Papst dargestellt wird, und der religiöse Glaubenssysteme, Traditionen und Weisheit als Mittel zur Erlangung spiritueller Erfüllung repräsentiert. Er kann ein Zeichen sein, bestehenden und etablierten Konventionen und Regeln zu folgen und auch das Leben ritueller zu gestalten, daher auch die Assoziation mit dem geerdeten Tierkreiszeichen Stier.

Der Hierophant steht zwischen zwei Säulen eines Tempels. Er trägt ein rot-blau-weißes Gewand und eine dreistöckige Krone, beides Symbol der drei Reiche, über die er herrscht – das bewusste, das unbewusste und überbewusste.

Er hält ein Papstkreuz, bekannt als dreifaches Zepter, als Zeichen seines Status als Papst. Gekreuzte Schlüssel vor dem Hierophanten stehen für die Balance zwischen dem bewussten und dem unbewussten Geist. Er ist die Mahnung, nach einer tieferen Bedeutung im Leben zu suchen. Er kann auch die Aufforderung sein, Traditionen (der Familie oder andere) zu ehren oder neue einzuführen. Nimm dir Zeit, um dein spirituelles oder religiöses Erbe zu überdenken.

Bedeutung umgedreht

Umgedreht ist der Hierophant ein Symbol für Unangepasstheit. Wir sollen bestehende Ansichten und Traditionen hinterfragen und ihnen nicht blind folgen. Es ist Zeit, dass du dich fragst, woran du glaubst. Gestalte deinen eigenen Weg. Der Hierophant kann ein Hinweis darauf sein, dass du dich zu sehr zurückhältst durch Strukturen oder etablierte Ansichten und dich dadurch nicht aus deiner Komfortzone herausbewegst. Vielleicht fühlst du den Drang, die augenblicklichen Grenzen, die du dir gesetzt hast, zu testen, um deinen Horizont zu erweitern.

Die Liebenden

HERRSCHENDER PLANET Merkur **TIERKREISZEICHEN** Zwillinge **ELEMENT** Luft **JA ODER NEIN** Ja **SCHLÜSSELWÖRTER AUFRECHT** Liebe, Harmonie, Beziehungen, Entscheidung, Werteangleichung, Dualität, Übereinstimmung, Hingabe, Freundschaft, Heilung **SCHLÜSSELWÖRTER UMGEDREHT** Selbstliebe, Disharmonie, Unausgewogenheit, unterschiedliche Werte, problematische Beziehungen, Distanz

Die Reise des Narren

Der Narr nimmt seine Reise wieder auf. Er hat ein Ziel und weiß, was er im Leben erreichen will. In der Ferne sieht er eine Kreuzung vor sich und ist sich sicher, welcher Weg der richtige für ihn ist. Aber als er näherkommt, sieht er dort eine Frau stehen. Sofort weiß der Narr, dass sie die Liebe seines Lebens ist, auch wenn sie ihn in eine andere Richtung zieht, als er für sich geplant hatte.

Bedeutung aufrecht

Die Karte der Liebenden wird mit Liebe, Harmonie und Einheit assoziiert. Sie zeigt einen Mann und eine Frau, beide nackt, die unter einem Engel, vermutlich Raphael (Symbol für körperliche und emotionale Heilung), stehen. Sie werden mit Dualität und Ausgleich zwischen männlichen und weiblichen Energien assoziiert. Die Karte fordert dich auf, diese Energie in deinem Leben auszugleichen, und ist daher auch mit dem Tierkreiszeichen Zwillinge verbunden.

Der Mann schaut die Frau voll Verlangen an und bemerkt den Engel am Himmel nicht. Die Frau sieht den Engel an und sucht bei ihm nach spiritueller Weisheit, dabei lässt sie die Energie der körperlichen Begierde in ihre emotionalen und spirituellen Bedürfnisse fließen. Es ist wichtig, die körperlichen und spirituellen Sehnsüchte in Balance zu halten. Die Frau steht neben dem Baum der Erkenntnis. Neben dem Mann steht der Baum des Lebens, flammenbedeckt als Zeichen der Leidenschaft. Die Schlange repräsentiert die Versuchung. Die Karte steht auch für eine Entscheidung. So, wie der Narr die Wahl hat zwischen Frau und Reise, hast auch du in der Liebe und im Leben die Wahl, um das Leben zu gestalten, das du möchtest.

Bedeutung umgedreht

Umgedreht kann die Karte der Liebenden auf Disharmonie, Beziehungsprobleme und Trennungen hinweisen. Eventuell vernachlässigst du dich selbst? Die Karte zeigt, dass es dir schwerfällt, eine Entscheidung zu treffen oder die Verantwortung für eine Entscheidung zu übernehmen. Diese Karte weist auf einen Wertekonflikt zwischen dir und den Menschen um dich herum hin.

VI
DIE LIEBENDEN

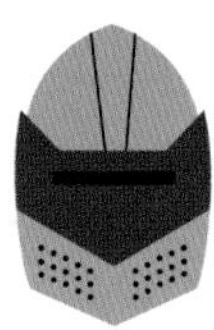

DER WAGEN

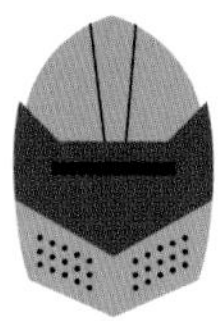

HERRSCHENDER PLANET Mond **TIERKREISZEICHEN** Krebs **ELEMENT** Wasser **JA ODER NEIN** Ja **SCHLÜSSELWÖRTER AUFRECHT** Kontrolle, Willenskraft, Erfolg, Handeln, Entschlossenheit, Sieg, Selbstvertrauen, Durchhaltevermögen **SCHLÜSSELWÖRTER UMGEDREHT** Selbstdisziplin, Widerstand, ohne Richtung

Die Reise des Narren

Der Narr ist jetzt ein junger Erwachsener. Er trifft einen Krieger in Rüstung, der einen Wagen lenkt. Er hält an, um motivierende Weisheiten mit dem Narren zu teilen und erzählt ihm, wie wichtig Willenskraft ist und das Fokussieren auf Ziele. Der Wagenlenker erklärt, dass er mit dem richtigen Antrieb, Ehrgeiz und Disziplin alles erreicht. Dann fährt er weiter und lässt den Narren seine Reise fortsetzen, im Gepäck nun ein besseres Verständnis dafür, wie er erfolgreich wird.

Bedeutung aufrecht

Die Karte zeigt einen Krieger in einem Wagen. Seine Rüstung schmücken Mondsicheln, die dafür stehen, was durch Entschlossenheit und Durchhalten erreicht werden kann. Das Quadrat auf seiner Brust steht für seine Willensstärke, die er braucht, um Erfolg zu haben. Die Karte sagt, dass du tief graben und deine Energien neu ausrichten sollst, um deine Ziele zu erreichen.

Eine weiße und eine schwarze Sphinx sind vor den Wagen gespannt, sie ziehen in entgegengesetzte Richtungen. Sie stehen für die Dualität gegensätzlicher Kräfte, die der Narr beherrschen muss, um im Leben erfolgreich zu sein. Der Wagenführer hat keine Zügel, mit denen er die Sphinx führen könnte, nur die Stärke und Macht seines Geistes, was die Assoziation der Karte mit der Herrschaft über den Geist widerspiegelt. Richte deinen Geist neu aus, damit du deine Ziele erreichen und alle Hindernisse überwinden kannst.

Auf dem Schild des Wagenlenkers sehen wir einen perfekt ausbalancierten Kreisel als Symbol, dass es notwendig ist, Ausgeglichenheit ins eigene Leben zu bringen. Vor dem Wagen fließt ein Fluss und steht dafür, hart für Ziele zu arbeiten, aber sich auch dem Fluss des Lebens hinzugeben.

Bedeutung umgedreht

Der umgedrehte Wagen weist auf mangelnde Ausrichtung und Ziele im Leben hin. Vielleicht ist es nötig, dass du neu ausrichtest, wohin du gehst, was du erreichen möchtest und wie du es erreichen möchtest. Das kann bedeuten, dass du deine Richtung ändern musst, bevor es weitergeht. Es kann sein, dass du deine Motivation verloren hast, so dass sich Barrieren auf deinen Weg stellen konnten. Vielleicht fühlst du dich in mehrere Richtungen gezogen und schaffst es nicht, gegensätzliche Energien zu kontrollieren. Fokussiere dich auf deine Ziele, dann kommen Ausgleich und Erfolg.

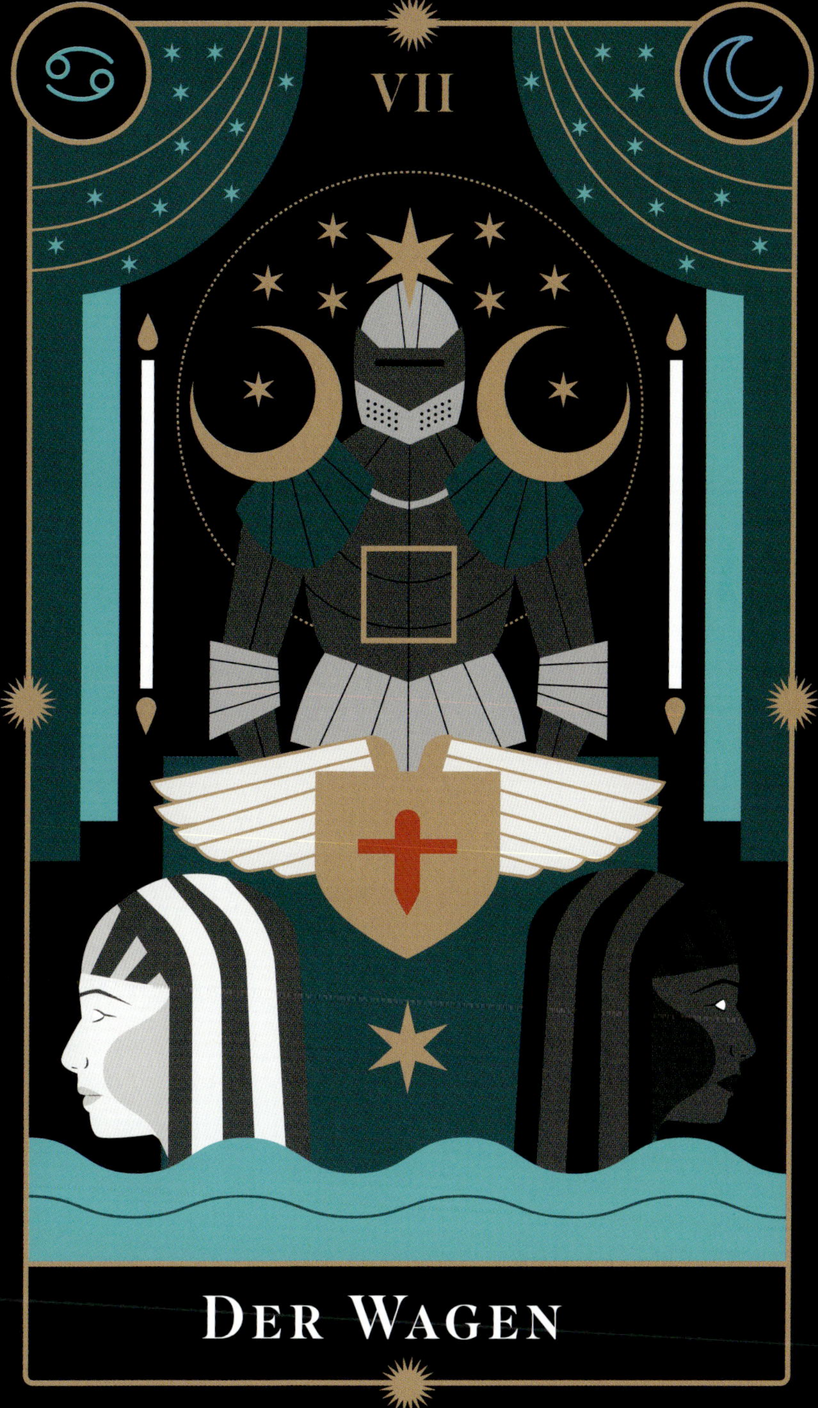
VII
DER WAGEN

Die Kraft

HERRSCHENDER PLANET Sonne **TIERKREISZEICHEN** Löwe **ELEMENT** Feuer **JA ODER NEIN** Ja **SCHLÜSSELWÖRTER AUFRECHT** Kraft, Mut, Überzeugung, Einfluss, Mitgefühl, Glaube an sich selbst, Hindernisse überwinden. **SCHLÜSSELWÖRTER UMGEDREHT** Selbstzweifel, wenig Energie, rohe Emotionen, ungelöste Probleme, Unzuverlässigkeit.

Die Reise des Narren

Die bisherigen Herausforderungen haben den Narren stark gemacht. Unterwegs begegnet er einer Frau, die auf dem Boden sitzt und sanft das Maul eines Löwen zuhält. Der Narr wundert sich darüber, wie mühelos sie den Löwen kontrolliert, nur mit ihrer Sanftheit und freundlichen Natur. Der Narr denkt über Kraft nach und lernt, dass es verschiedene Arten gibt. Er erkennt, dass es mehr Kraft erfordern kann, Angst, rohe Emotionen oder Aggressionen zu beherrschen, anstatt ihnen nachzugeben.

Bedeutung aufrecht

Die Karte zeigt eine (zum Zeichen der Reinheit) weißgekleidete Frau mit dem Symbol für die Unendlichkeit über dem Kopf (für das unbegrenzte Potenzial). Sie beugt sich über einen Löwen und hält behutsam seinen Kiefer und seine Stirn. Der Löwe steht für die rohen Emotionen. Indem sie ihn zähmt, demonstriert die Frau, dass Kraft über Gewalt steht. Der unkontrollierte Zorn des Löwen kann Schaden anrichten, so wie auch unsere Leidenschaft zerstören kann, aber die Frau zeigt, dass sie den Löwen sanft beeinflussen und leiten kann, wie wir unsere Leidenschaften.

Kraft wird mit Selbstkontrolle assoziiert – du lernst, deine Emotionen zu beherrschen. Aber vergiss dabei die Geduld nicht. Du kannst Menschen wirkungsvoller mit sanfter Überzeugung beeinflussen. Du besitzt die innere Stärke, Hindernisse auf sanfte Art zu überwinden, wie die Frau es beim Löwen schafft.

Bedeutung umgedreht

Umgedreht wird die Kraft mit fehlendem Selbstvertrauen assoziiert und deutet an, dass du nicht mit deiner inneren Kraft in Verbindung stehst. Vielleicht zweifelst du dich selbst und deine Fähigkeiten. Die Karte kann dafür stehen, dass du deinen Emotionen die Oberhand überlässt, das kann zu Aggression und Wut führen. Nimm dir Zeit, dich mit deiner inneren Kraft wieder zu verbinden, damit du erfährst, wie du mit deinen rohen Emotionen umgehst und sie auf andere Art einsetzt, wie die Frau bei dem Löwen.

VIII
DIE KRAFT

IX
Der Eremit

DER EREMIT

HERRSCHENDER PLANET Merkur **TIERKREISZEICHEN** Jungfrau **ELEMENT** Erde **JA ODER NEIN** Ja **SCHLÜSSELWÖRTER AUFRECHT** Seelensuche, Introspektion, Einkehr, Einsicht, Frieden, Bewusstsein, Suche nach Erkenntnis **SCHLÜSSELWÖRTER UMGEDREHT** Isolation, Einsamkeit, Rückzug, Fehler wiederholen, Selbstzweifel

Die Reise des Narren

Inzwischen fühlt sich der Narr von seinen Gedanken nach so vielen Herausforderungen überfordert. Er kommt an eine Höhle und beschließt, sich von der Welt zurückzuziehen und tief in sich drin nach Antworten auf seine Fragen zu suchen. Nach jeder neuen Entdeckung hebt der Narr eine Laterne, die er in der Höhle gefunden hat, ein wenig höher. In seiner inneren Dunkelheit sucht er nach Erkenntnis, tieferer Wahrheit und spiritueller Weisheit. Wenn der Narr sich erfrischt und bereit fühlt, in die Welt zurückzukehren, wird er weiterreisen.

Der Eremit trägt einen Stab, Zeichen seiner Macht und Autorität. Er trägt ihn mit der linken Hand, um sein höheres Bewusstsein zu demonstrieren. Auch seine Position auf einem Berg spricht für sein höheres Bewusstsein. In der rechten Hand hält er eine Laterne mit einem sechsstrahligen Stern darin, der den Weg erleuchtet und das Siegel Salomos repräsentiert – ein Symbol der Weisheit aus dem mittelalterlichen Mystizismus. Das kann als Erinnerung gelten, spirituelle Weisheit, Erleuchtung und Führung in deinem eigenen Leben zu suchen.

Bedeutung aufrecht

Der Eremit steht für Introspektion und Seelensuche, symbolisiert durch die Gestalt des alten Mannes, der einen grauen Mantel trägt mit einer Kapuze, die seinen Kopf bedeckt als Zeichen für seine innere Reise. Er hat einen langen, weißen Bart, der seine Weisheit symbolisiert, aber er ist ungepflegt, das heißt, seine äußerliche Erscheinung ist ihm egal geworden. Alle seine Energie richtet sich nach innen auf seine Reise nach höherer Erkenntnis und spirituellem Verständnis. Der Eremit könnte bedeuten, dass du jetzt allein sein solltest, um nachzudenken.

Bedeutung umgedreht

Umgedreht kann der Eremit ein Zeichen dafür sein, dass du zu viel allein bist. Vielleicht isolierst du dich zu sehr und wirst zu einsiedlerisch. Überwinde dich und such wieder Verbindung zu anderen, damit du dich nicht so sehr mit deiner Reise beschäftigst, dass darunter Beziehungen leiden. Zu viel Zeit allein zu verbringen, kann sich negativ auswirken, es können ungesunde Gefühle wie Selbstmitleid und Selbstzweifel entstehen.

X
Das Rad des Schicksals

Das Rad des Schicksals

HERRSCHENDER PLANET Jupiter **TIERKREISZEICHEN** Schütze und Fische **ELEMENT** Feuer **JA ODER NEIN** Ja **SCHLÜSSELWÖRTER AUFRECHT** Ruf des Schicksals, Glück, Karma, Wendepunkt, Kreisläufe, Schicksal, Neuanfänge **SCHLÜSSELWÖRTER UMGEDREHT** Pech, mangelnde Beherrschung, kaputte Kreisläufe, sich Änderungen widersetzen, schlechtes Karma

Die Reise des Narren

Auf seiner Reise passiert der Narr ein Wasserrad. Er sieht eine Frau daneben sitzen, die ihm etwas zu trinken anbietet. Während er trinkt, beobachtet er das sich drehende Rad und erkennt, dass alles einen eigenen Kreislauf besitzt, einschließlich der Schicksalsmuster seines Lebens. Er denkt nach und ist dankbar für die wohltätige Frau, die ihm zu trinken gab, als er Durst hatte.

Bedeutung aufrecht

Diese Karte ist üppig mit esoterischer Symbolik ausgestattet. Die vierflügeligen Tiere stehen für fixe Tierkreiszeichen: der Engel für den Wassermann, der Adler für den Skorpion, Stier und Löwe für die gleichnamigen Zeichen. Zusammen symbolisieren sie Stabilität. Das Buch ist Symbol für die Weisheit der geflügelten Kreaturen.

Die rote Schlange, ein uraltes Symbol der Wiedergeburt, schiebt sich als Lebenskraft von oben kommend in die physische Welt. Der rote Schakal repräsentiert Anubis, den ägyptischen Totengott, und symbolisiert den Aufstieg der Lebenskraft zurück in die Geistwelt. Beide stehen für den Kreislauf von Geburt und Tod, Neuanfang und Tod, mit denen die Karte assoziiert wird. Nutze die expandierenden Energien des herrschenden Planeten Jupiter, um voranzukommen.

Das Rad selbst symbolisiert die Natur des Lebens, das immer in Bewegung ist. Im mittleren Kreis finden sich die alchemistischen Symbole für Merkur, Wasser, Salz und Schwefel, sie stehen für die vier Elemente. Auf dem äußeren Rad sind die hebräischen Buchstaben YHVH (deutsch: JHWH) geschrieben, die den unaussprechlichen Namen Gottes bilden. Zwischen ihnen stehen die vier lateinischen Buchstaben TORA, vermutlich eine Version des Wortes „Torah", was „Gesetz" bedeutet.

Bedeutung umgedreht

Umgedreht kann diese Karte für Pech oder plötzliche Veränderungen stehen, die dazu führen, dass du dich machtlos fühlst. Sie fordert dich auf, die Entscheidungen zu bedenken, die dich zu diesem Moment gebracht haben, um zu ergründen, was du tun kannst, damit sich deine Situation verbessert. Es ist Zeit, die Kontrolle über dein Leben und dein Schicksal wieder zu übernehmen. Aber denk dran, dass du mehr durch Missgeschicke lernst als durch Glück.

XI
DIE GERECHTIGKEIT

Die Gerechtigkeit

HERRSCHENDER PLANET Saturn **TIERKREISZEICHEN** Waage **ELEMENT** Luft **JA ODER NEIN** Ja, bei Moralfragen **SCHLÜSSELWÖRTER AUFRECHT** Ausgleich, Fairness, Gerechtigkeit, Gesetz, Prozess, Anwälte, Ursache und Wirkung, Schicksalswaage, Wahrheit, Unrecht wiedergutmachen **SCHLÜSSELWÖRTER UMGEDREHT** Unfairness, Verantwortungslosigkeit, Unaufrichtigkeit, verzögerte Gerechtigkeit, Voreingenommenheit

Die Reise des Narren

Der Narr setzt seine Reise fort. Er schaut auf sein Leben zurück und beginnt zu verstehen, dass alles im Leben Folgen hat, gute wie schlechte, und er erkennt, was es bedeutet, Verantwortung für seine Handlungen zu übernehmen. Er denkt an die Male, wenn er anderen oder sich selbst Unrecht getan hat und versteht, dass es wichtig ist, jeder Lebenssituation mit Fairness, Ausgleich und Respekt zu begegnen.

Bedeutung aufrecht

Die Karte wird mit Wahrheit, Fairness, Ausgeglichenheit und der Wiedergutmachung von Unrecht assoziiert. Wir sehen eine Frau zwischen zwei Säulen vor einem purpurnen Vorhang sitzen. Die Säulen repräsentieren Balance und Dualität und werden häufig auch Strenge und Gnade genannt. Das Grau der Säulen ist eine Mischung aus dem Schwarz und Weiß der Säulen der Hohepriesterin und steht auch hier für eine Assoziation mit Ausgeglichenheit und dem Halten des Gleichgewichts. Vielleicht braucht dein Leben mehr Balance, damit du Stabilität aufbauen kannst.

Die Frau hält das Schwert aufrecht in der Hand, es steht für Intellekt und dessen Einsatz für Gerechtigkeit. Das Schwert ist zweischneidig und steht für die zwei Arten der Gerechtigkeit es kann verurteilen und anerkennen –, ein weiteres Symbol für Dualität. Die Frau hält das Schwert in der rechten Hand als Zeichen für die Logik, die nötig ist, damit das Recht fair und gerecht angewandt wird. Die Waagschalen der Gerechtigkeit stehen im Vordergrund. Sie stehen dafür, dass allen unseren Handlungen Konsequenzen folgen, dort werden sie gewogen und bewertet. Vielleicht ist es Zeit für eine schwerwiegende Entscheidung, die sich langfristig auf dein Leben auswirkt.

Bedeutung umgedreht

Die umgedrehte Gerechtigkeit repräsentiert Unfairness, Unrecht und verzögerte Gerechtigkeit. Eventuell übernimmst du für deine Handlungen nicht die Verantwortung, so dass andere beschuldigt werden – du musst dahinkommen, dich verantwortlich zu fühlen. Umgedreht kann die Gerechtigkeit auch bedeuten, dass du unfair behandelt wirst und für etwas verantwortlich gemacht wirst, was du nicht getan hast.

DER GEHÄNGTE

HERRSCHENDER PLANET Neptun **TIERKREISZEICHEN** Fische **ELEMENT** Wasser **JA ODER NEIN** Nein **SCHLÜSSELWÖRTER AUFRECHT** Glaube, innehalten, aufgeben, loslassen, Geduld, Opfer, neue Perspektiven **SCHLÜSSELWÖRTER UMGEDREHT** Zögern, Ego, Impulsivität, Widerstand, Unentschlossenheit, hinhalten, verpasste Gelegenheiten

Die Reise des Narren

Auf seiner Reise fällt dem Narren ein, dass er in letzter Zeit seine Spiritualität vernachlässigt hat. Es ist warm und er entschließt sich, im Schatten eines Baumes zu rasten. Gerade hat er es sich gemütlich gemacht, als ihn etwas am Kopf trifft. Der Narr sieht hoch und sieht einen Mann, der an einem Bein kopfüber am Baum hängt. Er erkennt, dass er von einer Münze aus der Tasche des Gehängten getroffen wurde. Der Narr fragt ihn, warum er so nachlässig mit seinem Geld umgeht. Der Mann erklärt, dass wir das Leben manchmal aus einer neuen Perspektive betrachten müssen. Durch diese Worte inspiriert, klettert der Narr auf den Baum und lässt sich kopfüber runterhängen.

Bedeutung aufrecht

Beim Gehängten geht es um das Einnehmen einer neuen Perspektive. Auf der Karte hängt ein Mann kopfüber von einem T-förmigen Baum, bekannt als Tau. Das Tau symbolisiert den Punkt, an dem Himmel und Erde zusammentreffen, die Karte besitzt also eine tiefere spirituelle Bedeutung. Das zeigt sich auch in der Verbindung der Karte zu Neptun, dem Planeten der Spiritualität.

Der Mann ist mit dem rechten Fuß am Baum festgebunden, sein linkes ist Bein abgeknickt, er hält es hinter das rechte – ein Zeichen dafür, dass du erst innehalten musst, bevor du weitermachen kannst. Die Karte fordert dich auf, dich dem auszuliefern, was ist, und loszulassen, was dich erdrückt, damit du die Dinge anders betrachten kannst. Der Lichtkreis um den Kopf steht für die neuen Erkenntnisse. Die Arme des Gehängten sind hinter seinem Rücken angewinkelt. Zusammen mit dem Strick um den Fuß kann das bedeuten, dass du dich in einer Situation gefangen fühlst oder eingegrenzt bist.

Bedeutung umgedreht

Der umgedrehte Gehängte steht auch für Zögerlichkeit und Unentschlossenheit. Vielleicht stemmst du dich gegen Veränderungen und verpasst dadurch Möglichkeiten, was frustrierend sein und zu Stagnation führen kann. Andererseits kann die Karte auch Impulsivität repräsentieren und ein Zeichen sein, dass du Dinge nicht richtig durchdenkst, bevor du handelst.

XII
DER GEHÄNGTE

DER TOD

HERRSCHENDER PLANET Pluto **TIERKREISZEICHEN** Skorpion **ELEMENT** Wasser **JA ODER NEIN** Nein **SCHLÜSSELWÖRTER AUFRECHT** Ende und Anfang, Veränderung, loslassen, Übergang, Wiedergeburt, Transformation **SCHLÜSSELWÖRTER UMGEDREHT** Nicht gehen lassen wollen, innere Reinigung, persönliche Transformation, Veränderungen ablehnen

Die Reise des Narren

Weiter geht die Reise des Narren auf einem dunklen Waldweg. Auf seiner linken Seite sieht er auf einem weißen Pferd ein Skelett in einer Rüstung. Sofort weiß der Narr, dass dies der Tod ist und fragt sich, ob er gestorben ist, aber der Tod erklärt, dass er gekommen ist, um ihm zu helfen, alte Wege zu verlassen und einen Neuanfang zu machen. Der Tod sagt, dass der Prozess schmerzhaft sein kann, aber sich lohnt. Damit verschwindet der Tod, der Narr fühlt sich gut mit der Transformation, die bei ihm stattfindet.

Bedeutung aufrecht

Der Tod ist die am meisten missverstandene Karte im Tarot. Oft wird sie als physischer Tod gedeutet (was nur sehr selten zutrifft), stattdessen symbolisiert sie, dass du mit etwas abschließt und eine neue Lebensphase beginnt. Die Karte zeigt ein Skelett in einer Rüstung auf einem weißen Pferd. Es trägt ein Banner mit einer fünfblättrigen, weißen Rosenblüte als Zeichen für die Jungfrau Maria, ein Symbol für den Himmel und das Jenseits.

Im ursprünglichen Rider-Waite-Smith-Deck zeigt die Karte einen kostbar gekleideten Mann, der tot am Boden vor dem Pferd liegt. Eine Frau und ein Kind knien mit zusammengepressten Händen und bitten um ihr Leben. Ein Bischof steht bei den beiden und bittet den Tod, ihn ebenfalls zu verschonen. Im Vordergrund gleiten kleine Boote auf dem Fluss, sie stehen für die Boote, die in vielen mythologischen Überlieferungen die Toten ins Jenseits bringen. Das ist ein Hinweis auf den Transformationsaspekt der Karte sowie auf ihre Assoziation mit einem Übergang, weshalb sie dem Skorpion zugeordnet ist.

Bedeutung umgedreht

Liegt der Tod verkehrt herum, kann es sein, dass du dich gegen Veränderungen sträubst. Vielleicht hast du Angst vor der Transformation und hältst deshalb an der Vergangenheit fest. Das verhindert aber dein Wachstum. Es mag dir schwerfallen, beschränkte Ansichten und negative Energie loszulassen, die dir nicht länger guttun. Lass sie nun gehen und reinige dich dadurch, damit du den Weg klar vor dir siehst.

XIII
DER TOD

DIE MÄẞIGKEIT

HERRSCHENDER PLANET Jupiter **TIERKREISZEICHEN** Schütze **ELEMENT** Feuer **JA ODER NEIN** Ja **SCHLÜSSELWÖRTER AUFRECHT** Geduld, Balance, Maß halten, Mischung, Heiler, Sinn, Erholung, Selbstkontrolle **SCHLÜSSELWÖRTER UMGEDREHT** Unausgeglichenheit, Überschuss, Süchte, Reizbarkeit, Ruhelosigkeit, notwendige Neuausrichtung

Die Reise des Narren

Nach seiner Begegnung mit dem Tod beginnt der Narr ein neues Kapitel seines Lebens. Er trifft auf einen Engel, der in zwei Pokalen die vier Elemente miteinander mischt, indem er sie von einem Pokal in den anderen gießt. Der Narr fragt den Engel, wie er gegensätzliche Elemente mischen kann. Der Engel erklärt ihm, dass alle Dinge mit dem ausgewogenen Einsatz von Geduld, Weisheit und Bemühen ins Gleichgewicht gebracht werden können.

Bedeutung aufrecht

Die Mäßigkeit steht für Ausgewogenheit, die sich deutlich in der Symbolik der Karte wiederfindet. Im Rider-Waite-Smith-Deck steht ein Fuß des Engels in einer flachen Pfütze, der andere auf einem Stein als Symbol für die Balance zwischen Körper und Emotionen und für die Notwendigkeit, in diesem Moment geerdet zu sein. Die Mäßigkeit ermutigt dazu, den eigenen Gleichgewichtssinn zu finden und dabei immer geerdet zu bleiben.

Wenn du dir den Engel anschaust, siehst du, dass er sowohl männliche wie weibliche Energien manifestiert, wieder ein Zeichen für Ausgewogenheit. Vorn auf dem Gewand des Engels ist ein Symbol – ein Dreieck in einem Quadrat. Es besagt, dass wir Menschen (Dreieck) an die Gesetze der Natur (Quadrat) gebunden sind. Der Engel hält zwei Pokale und füllt aus dem einen Wasser in den anderen – der Fluss des Lebens – als Erinnerung, den eigenen Flow wiederherzustellen, deine Energie zu stabilisieren und dein Gleichgewicht aufzubauen. Es ist außerdem ein Symbol der Alchemie – zwei eigenständige Teile werden zu etwas Neuem und Erstaunlichem vermischt.

Bedeutung umgedreht

Die umgedrehte Mäßigkeit ist ein Hinweis darauf, dass du eine aus der Balance geratene Zeit erlebst, wodurch du dich vielleicht gereizt oder ruhelos fühlst. Es ist an der Zeit, das Gleichgewicht wiederherzustellen und dich wieder auszurichten, besonders wenn du es durch Exzess verloren hast – ob durch zu viel Alkohol oder extremes Verhalten. Lass die aktuellen negativen Kreisläufe hinter dir, damit dein Lebensfluss wieder in die richtige Richtung gelenkt wird.

XIV
Die Mäßigkeit

DER TEUFEL

HERRSCHENDER PLANET Saturn **TIERKREISZEICHEN** Steinbock **ELEMENT** Erde **JA ODER NEIN** Nein **SCHLÜSSELWÖRTER AUFRECHT** Sucht, Bindungen, Sexualität, Beschränkung, Materialismus, Verleugnung, Schattenselbst, Angst **SCHLÜSSELWÖRTER UMGEDREHT** Distanziertheit, Disziplin, Fleiß, Zurückhaltung aufgeben, Erholung

Die Reise des Narren

Die Reise des Narren führt ihn zu einem Berg, auf dem er dem Teufel begegnet. Halb Mann, halb Ziege, steht er bei Menschen, die aneinandergekettet sind und sich jeder Form von Lust hingeben – Essen, Wein und Sex. Der Narr ist entsetzt. Er schreit, er würde sich niemals einer Versuchung hingeben, die ihn in Ketten legt. Der Teufel zeigt ihm, dass die Ketten locker angelegt sind, die Menschen könnten sie ablegen, aber sie wollen nicht. Der Teufel sagt ihm, dass man sich für seine Sehnsüchte nicht zu schämen braucht, aber lernen muss, sie zu beherrschen.

Bedeutung aufrecht

Der Teufel erscheint als Baphomet, einem Wesen, das zur Hälfte Mann, zur Hälfte Ziege ist, und in einigen okkulten Traditionen Symbol für Balance und Dualität ist. Er steht für das Gleichgewicht zwischen Gut und Böse, dunkel und hell, männlich und weiblich. Seine rechte Hand ist zum Segen erhoben, seine linke hält eine lodernde Fackel. Seine Hörner repräsentieren seine animalische Natur und Dickköpfigkeit.

Die Karte des Teufels steht für Gefangenschaft, dargestellt durch die Ketten. Es kann sein, dass du dich gefangen oder eingeschränkt fühlst oder ein Suchtproblem hast. Da die Ketten aber locker sind, gibt es einen Ausweg da raus. Du hast die Kraft, deinen Einschränkungen zu entkommen und dich für dauerhaftes Wohlbefinden zu entscheiden. Das Paar trägt Hörner und einen Schwanz als Zeichen ihrer Unmäßigkeit – sie werden wie der Teufel, je mehr Zeit sie mit ihm verbringen. Die Trauben und das Weinblatt symbolisieren Sexualität und Lust. Daher wird der Teufel mit dem Steinbock assoziiert – er steht als Erdzeichen für die körperliche Welt.

Bedeutung umgedreht

Der umgedrehte Teufel ist ein Zeichen, dass du dich kürzlich aus einer schwierigen Situation befreit hast. Es kann auch heißen, dass du die Ketten, die dich halten, abwerfen sollst. Die Karte fordert dich auf, eine schwierige Situation zu überwinden oder dich von ihr zu distanzieren oder Süchte und schlechte Angewohnheiten hinter dir zu lassen. Du stehst vielleicht kurz vor einem Durchbruch, aber zuerst musst du die Einengung loswerden. Das ist eventuell nicht einfach und erfordert Disziplin, sich ungesunden Bindungen zu stellen, aber es wird es wert sein.

XV
Der Teufel

XVI
DER TURM

Der Turm

Herrschender Planet Mars **Tierkreiszeichen** Widder **Element** Feuer **Ja oder Nein** Nein **Schlüsselwörter aufrecht** Zerstörung, plötzliche Veränderung, Chaos, Lügen, Aufruhr, Erwachen, erzwungene Veränderung **Schlüsselwörter umgedreht** Angst vor Veränderung, Vermeiden von Desaster, Vermeiden von Risiken, verzögerte Gefahr

Die Reise des Narren

Der Narr steigt vom Berg herab. Dabei kommt er an einen schönen Turm aus Stein. Er hält einen Moment an, um dessen Schönheit zu bewundern, als plötzlich ein Blitz den Turm trifft und ihn in Brand setzt. Die Bewohner des Turms springen aus den Fenstern. Der Narr ist schockiert: Noch nie zuvor hat er etwas beobachtet, dass derart schnell geschieht, dass er nicht alles erfassen kann. Dann versteht er plötzlich, dass der Turm seine Vergangenheit symbolisiert, dass plötzliche Veränderungen auftreten, die Aufruhr und Chaos mit sich bringen. Das Einzige, das bleibt, ist der Wiederaufbau auf dem soliden Fundament, das nach dem Ereignis erhalten bleibt.

Bedeutung aufrecht

Die Karte zeigt einen Steinturm auf einem steinigen Berg. Sie wird mit Zerstörung, plötzlichen Veränderungen und Chaos assoziiert, symbolisiert durch den Blitz, der in den Turm fährt und ihn in Flammen setzt. Der Blitz löst die Krone von der Turmspitze, es handelt sich also um einen königlichen Turm. Der Blitz selbst repräsentiert einen Schlag gegen den Materialismus und erinnert daran, dass du materiellen Besitztümern nicht zu viel Bedeutung einräumen darfst. Der ganze Turm brennt lichterloh, den Menschen bleibt nur der Sprung aus dem Fenster. Die Flammen werden größer als Zeichen dafür, dass die Natur nicht gezähmt werden kann.

Der Turm steht auf felsigem Untergrund – ein unsicheres Fundament zum Bauen. Ein einziger Blitz konnte ihn zerstören. Das kann bedeuten, dass deine Ziele und dein Ehrgeiz auf wackeligem Fundament stehen. Stell sicher, dass deine Pläne auf soliden Füßen stehen, die überdauern. Bei all der Zerstörung auf der Karte ist es keine Überraschung, dass sie durch Mars beherrscht wird, dem Kriegsplaneten.

Bedeutung umgedreht

Umgedreht kann der Turm für deine Angst vor Veränderungen stehen, was dazu führt, dass du sie verhinderst. Du verzögerst die für dein persönliches und spirituelles Wachstum notwendige Transformation. Je mehr du das Unvermeidliche herauszögerst, umso größer wird dein Unwohlsein und Leiden. Geh mit den Veränderungen und dem Fluss des Lebens – du wirst dich in ein neues und besseres Selbst verwandeln.

XVII
DER STERN

DER STERN

HERRSCHENDER PLANET Uranus **TIERKREISZEICHEN** Wassermann **ELEMENT** Luft **JA ODER NEIN** Ja **SCHLÜSSELWÖRTER AUFRECHT** Hoffnung, Glaube, Möglichkeiten, spirituelle Führung, Liebe, Freude, Schicksal **SCHLÜSSELWÖRTER UMGEDREHT** Verlorene Hoffnung, Verzweiflung, Loslösung, wenig Selbstvertrauen, Negativität

Die Reise des Narren

Der Narr betrachtet den Turm. Er begreift noch immer nicht das Ausmaß der Zerstörung oder wie schnell alles geschehen ist. Er ist überwältigt davon, wie dunkel das Leben sein kann, als er eine Frau bei einem Fluss sieht. Mit zwei Krügen füllt sie ein Wasserbecken auf. Der Narr geht zu ihr und fragt sie, warum sie das macht. Die Frau erklärt, dass sie das Becken auffüllt, damit Reisende sich dort erfrischen können. Der Narr nimmt das Wasser dankbar an. Ein tiefer Friede breitet sich in ihm aus, als er sich die Sterne am Nachthimmel ansieht. Er ist voller Hoffnung und Optimismus.

Bedeutung aufrecht

Die Karte zeigt eine Frau mit zwei Krügen. Mit ihrer rechten Hand (sie steht für das Unbewusste) schüttet sie Wasser in das Becken, an dem sie kniet. Ihre linke Hand (das Bewusste) gießt Wasser auf das Grün, das am Boden wächst, um es zu nähren. Das steht für Hoffnung, Erneuerung und Optimismus, ein Hinweis, dass, wenn du kürzlich eine schwierige Zeit hattest, es nun besser wird.

Der große sechszackige Stern repräsentiert den Morgenstern und verbindet die Karte mit dem Planeten Venus, dem hellsten Stern der Morgendämmerung. Die Karte steht außerdem für Spiritualität und ist ein Hinweis, dass du ein neues Gefühl für dich selbst hast und dich dem Universum verbunden fühlst. Die sieben kleineren Sterne repräsentieren die sieben Chakren sowie die Plejaden: die sieben Waisen, die sich erst in Tauben, später in Sterne verwandelten, nachdem ihr Stamm sie nach dem Tod der Eltern ignoriert hatte. Sie stehen für den Umgang mit Trauer und neuer Hoffnung.

Bedeutung umgedreht

Der umgedrehte Stern ist ein Symbol für verlorene Hoffnung und wenig Selbstvertrauen. Allerdings zeigt die Karte, dass deine Situation nicht hoffnungslos ist – du fühlst dich nur so. Vielleicht zwingen dich Alltagsaktivitäten in die Knie, aber du kannst die Situation retten, indem du deine Einstellung änderst. Die Karte erinnert daran, dass altes Verhalten, alte Überzeugungen und Gedanken dein Wachstum nicht unterstützen. Außerdem ist sie ein Signal dafür, deine Grundüberzeugungen zu überprüfen dahingehend, ob sie noch zu dir passen.

XVIII
Der Mond

DER MOND

HERRSCHENDER PLANET Jupiter und Neptun **TIERKREISZEICHEN** Fische **ELEMENT** Wasser **JA ODER NEIN** Nein **SCHLÜSSELWÖRTER AUFRECHT** Illusionen, Täuschungen, Geheimnisse, Träume, Schlaf, Emotionen, Verwirrung, Einfluss, Fantasie **SCHLÜSSELWÖRTER UMGEDREHT** Angst, Beklemmung, Druck, innere Bestürzung, Betrug, Schatten

Die Reise des Narren

Der Narr lässt sich auf seiner weiteren Reise von den Sternen leiten. Der Mond steigt auf und wirft sein Licht auf den Weg. Er geht zwischen zwei Bäumen durch und findet sich plötzlich in einem fremden Land wieder. Es fühlt sich wie ein Traum an. Er sieht ein unbekanntes Wesen vorbeieilen und bizarre Blumen, die im Dunkeln leuchten, aber nichts ist, wie es scheint. Der Narr fühlt sich beklommen, denn der Mond kontrolliert den unbewussten Geist, und er ist empfänglich für verführerische und verwirrende Illusionen. Er muss entscheiden, ob er in dieser fremden Welt bleiben oder in die Realität zurückkehren möchte.

Bedeutung aufrecht

Der Mond wird mit Illusionen, Fantasien und Verwirrung assoziiert, und dass nicht alles ist, wie es scheint. Vielleicht verfügst du nicht über alle Informationen, die du für eine Entscheidung oder Wahl brauchst. Den Täuschungen, Wirrungen und Geheimnissen zum Trotz vertraue mit dem Einfluss des Zeichens Fische auf deine Intuition, um die Wahrheit zu finden.

Die Karte zeigt einen Vollmond am Nachthimmel zwischen zwei Türmen. Sie symbolisieren materiellen Gewinn und Besitz, die sich auf deine spirituelle Reise auswirken können, wenn sie nicht kontrolliert werden. Der Mond hat Einfluss auf die Welt der Natur und die Kreaturen auf der Karte. Das Wasser steht für das Unbewusste und für Emotionen, der Hummer, der aus ihm kriecht, ist ein Symbol für wachsende übersinnliche Wahrnehmung. Hund und Wolf, die den Mond anheulen, stehen für den Ausgleich der gegensätzlichen Aspekte von wild und gezähmt in unserem Geist. Dass sie etwas anheulen, dass sie nicht erreichen können, kann ein Zeichen für dich sein, dass auch du etwas Unerreichbarem hinterherjagst, was Beklemmungen auslöst.

Bedeutung umgedreht

Umgedreht steht der Mond oft dafür, dass wir loslassen sollen und negative Energie von uns verscheuchen, da sie beklemmende Gefühle auslösen kann. Die Karte bedeutet häufig, dass du dich bewusst oder unbewusst selbst über eine Sache in deinem Leben belügst, was sich negativ auf deine geistige Gesundheit und Wohlbefinden auswirken kann. Der Mond erinnert dich daran, dass Probleme nicht gelöst werden, wenn du schwierige Emotionen, Gefühle oder Situationen verdrängst oder ignorierst. Stattdessen verlängert sich so dein Schmerz und Unwohlsein.

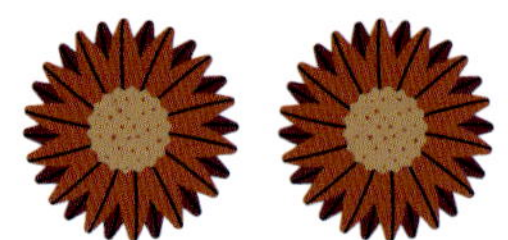

DIE SONNE

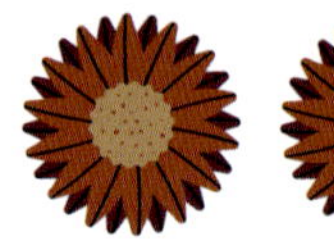
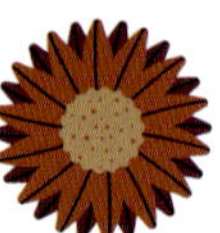

HERRSCHENDER PLANET Sonne **TIERKREISZEICHEN** Löwe **ELEMENT** Feuer **JA ODER NEIN** Ja **SCHLÜSSELWÖRTER AUFRECHT** Positivität, Wärme, Erfüllung, Erfolg, Klarheit, Lebenskraft, Ausstrahlung **SCHLÜSSELWÖRTER UMGEDREHT** Trauer, Stimmungsschwankungen, sich ausgebrannt fühlen, Niedergeschlagenheit, Depression

Die Reise des Narren

Als der Narr aufwacht, findet er sich in einem wunderschönen Garten wieder. Die Sonne scheint heller als jemals zuvor, fast blendet sie ihn. Als seine Augen sich an die Helligkeit gewöhnt haben, sieht er in seiner Nähe ein kleines Kind spielen. Es winkt ihm zu und fragt, ob er mitspielen möchte. Der Narr geht zu ihm. Nachdem er eine Weile mit dem Jungen gespielt hat, spürt der Narr in sich die Freude eines unschuldigen Kindes. Er ist glücklicher und sorgenfreier, als er lange Zeit war. Er erkennt, dass das Kind seine Seele erleuchtet und seinen Geist erneuert hat, ihn erfüllt hat mit Neugier und Glück.

Bedeutung aufrecht

Die Karte steht für Optimismus und Fülle, sie ist Positivität und Erfolg, symbolisiert durch den hellen Sonnenschein, der Wärme und Lebenskraft ausstrahlt. Er ist die Quelle allen Lebens auf der Erde, seine Energie erhält dich und macht dich stark in schwierigen Zeiten. Dank des Tierkreiszeichens Löwe steht die Sonne zudem für Kreativität. Die Sonne erscheint, wenn du die Bestätigung brauchst, dass auch bessere Zeiten kommen. Denk dran: Die Nacht ist kurz vor Einsetzen der Dämmerung am dunkelsten, und die Sonne wird immer aufgehen.

Auf der Rider-Waite-Smith-Karte sieht man ein kleines Kind auf einem weißen Pferd sitzen, beides Symbole für Unschuld und Reinheit. Das Kind ist nackt als Zeichen für Freiheit und dafür, dass es nichts zu verbergen hat und sich nicht schämt. Das Kind hält eine rote Flagge, Rot ist die magische Farbe der Sonne, die wiederum für Lebendigkeit, Freude und Leidenschaft steht. Die vier Sonnenblumen auf der Karte sind irdische Repräsentanten der Sonne, sie werden außerdem mit Loyalität und Dauerhaftigkeit assoziiert.

Bedeutung umgedreht

Umgedreht kann die Sonne ein Zeichen sein, dass du ausgebrannt bist und jetzt eine Auszeit brauchst. Sie kann auch bedeuten, dass du dich zu stark auf die negativen Aspekte des Lebens fokussierst und es dir schwerfällt, Positives zu erkennen, damit du wieder froh werden kannst. Die Sonne umgedreht kann auf Depression, Traurigkeit und Pessimismus hinweisen und dass du an den falschen Stellen nach Freude und Erfüllung suchst, etwa durch materiellen Besitz oder falschen Beziehungen.

XIX
DIE SONNE

Das Gericht

HERRSCHENDER PLANET Pluto **TIERKREISZEICHEN** Skorpion **ELEMENT** Feuer **JA ODER NEIN** Neutral **SCHLÜSSELWÖRTER AUFRECHT** Vergebung, Erneuerung, Wiedergeburt, Entscheidungen, Vergangenheit, bereuen, Erlösung **SCHLÜSSELWÖRTER UMGEDREHT** Selbstzweifel, innere Kritik, Angst, Besorgnis, kein Selbstbewusstsein, das Unbekannte

Die Reise des Narren

Der Narr fühlt sich erfrischt. Er sitzt in der Sonne und fühlt sich stark genug, um auf seine Vergangenheit zurückzublicken, Verantwortung für seine Handlungen zu übernehmen und sich seine Fehler zu vergeben. Er spürt, dass seine Reise sich dem Ende nähert und braucht Führung. Als er aufschaut, sieht er einen Engel, der ihm sagt, dass es an der Zeit ist, mit der Vergangenheit Frieden zu schließen und sie loszulassen, damit er nicht länger Schuld, Schande oder Ärger fühlt. Es ist Zeit, sich auf den letzten Teil der Reise zu begeben.

Bedeutung aufrecht

Im Rider-Waite-Smith-Tarot zeigt das Gericht den Erzengel Gabriel, den Gottesboten, der in den Wolken erscheint und Trompete spielt. Außerdem sind ein Mann, eine Frau und ein Kind im Vordergrund der Karte abgebildet, im Hintergrund weitere Menschen, die Särgen entsteigen. Sie stehen für die Auferstehung des Körpers nach dem Tod sowie für Freiheit, und dank des herrschenden Planeten Pluto, auch für Erneuerung. Das Wort „Gericht“ hat einen negativen Beiklang, aber die Karte muss nicht unbedingt negativ sein. Sie steht auch für einen positiven Neuanfang nach deiner Wiedergeburt.

Das Gericht kann für die Notwendigkeit stehen, die Vergangenheit loszulassen. Es ist Zeit, sich selbst Fehler zu vergeben, damit du weitergehen kannst oder es steht eine lebensverändernde Entscheidung an, für die du auf das Gelernte zurückgreifen kannst, um es heute anzuwenden. Das Gericht kann auch bedeuten, dass du andere zu streng beurteilst und dass du unfair beurteilt wirst. Die Berge im Hintergrund symbolisieren, wie das Gericht vermieden werden kann.

Bedeutung umgedreht

Das umgedrehte Gericht kann heißen, dass du zu stark auf deine innere Kritik hörst, das kann zu Selbstzweifeln und Sorgen führen, die dich davon abhalten, im Leben voranzukommen. Du bist zu hart zu dir, vielleicht befeuert durch Angst. Umgedreht symbolisiert das Gericht auch, dass du deine Lektionen in der Vergangenheit nicht gelernt hast und immer wieder dieselben Fehler machst. Es ist Zeit, Selbstzweifel und Angst hinter dir zu lassen und der Richtung zu vertrauen, in die das Universum dich lenkt.

XX
DAS GERICHT

Die Welt

HERRSCHENDER PLANET Saturn **TIERKREISZEICHEN** Waage **ELEMENT** Erde **JA ODER NEIN** Ja **SCHLÜSSELWÖRTER AUFRECHT** Vollendung, Reise, Erfolg, Abschluss, Kreislauf schließt sich, Erfüllung **SCHLÜSSELWÖRTER UMGEDREHT** Verzögerung, Nicht-Erkennen, zurückgehalten werden, Abkürzungen, Disharmonie

Die Reise des Narren

Nun, da er seine Vergangenheit ruhen lässt, weiß der Narr, dass seine Reise zu Ende ist. Er steht wieder an der Klippe, an der alles begann. Die Welt zeigt ihm, dass alles in Kreisen geschieht. Sein eigener Weg ist hier vollendet. Er fühlt sich mit der Welt verbunden und komplett, erfüllt und als Ganzes. Er schaut zurück auf das, was er geschafft und abgeschlossen hat und lächelt, denn er stolz auf sich. Ein Narr ist er nicht länger.

Bedeutung aufrecht

Die Welt wird mit Erfolg assoziiert, mit Erfüllung und Triumph. Jetzt fügt sich alles zusammen, nachdem du hart daran gearbeitet hast. Die Karte zeigt eine Frau, die Purpur trägt, als Zeichen für den Mut, der nötig war, um bis hierher zu kommen. Zwei weiße Stäbe symbolisieren spirituelle Weisheit, auf das Gefühl spiritueller und emotionaler Ganzheit. Der Lorbeerkranz, der die Frau umgibt, steht für einen Kreislauf. Etwas in deinem Leben ist nun abgeschlossen, es ist Zeit, mit dem Selbstvertrauen und dem Wissen um all das, was du erreicht und vollbracht hast, voranzugehen.

Die vier Gestalten in den Ecken stehen für die vier festen Zeichen des Tierkreises. Der Löwe steht für Mut und Tapferkeit, der Stier für physische Kraft, der Engel symbolisiert Schutz und Führung (Wassermann) und der Adler Kraft und Weitsicht (Skorpion). Die Figuren repräsentieren dazu die vier Kartenfarben des Tarots, die vier Jahreszeiten, die vier Himmelsrichtungen und die vier Ecken der Welt und bedeuten, dass das ganze Universum eins ist.

Bedeutung umgedreht

Die umgedrehte Welt kann ein Zeichen dafür sein, dass du Schwierigkeiten hast, deine gesteckten Ziele zu erreichen. Die Karte symbolisiert das Ausbleiben von Erfolg und die damit einhergehende Enttäuschung. Du magst dir vorkommen, als auf du auf der Stelle trittst, anstatt voranzukommen. Die Karte erinnert daran, dass es keinen Ersatz für harte Arbeit gibt und dass Abkürzungen dich deinen Zielen nicht näherbringen. Die umgedrehte Welt kann auch bedeuten, dass du nicht die Anerkennung erhältst, die du für deinen Einsatz und deine Leistung verdienst.

XXI
DIE WELT

4

Die kleinen Arkana

Im zweiten Teil des Tarotdecks lernen wir die kleinen Arkana kennen, die aus 56 Karten bestehen. Sie stehen für unser alltägliches Leben mit all den Herausforderungen und Schwierigkeiten, mit denen wir es zu tun haben. Sie werden in vier Kartenfarben aufgeteilt – Kelche, Stäbe, Münzen und Schwerter –, die je 14 Karten umfassen, von 1 (Ass) bis zur 10, dazu die vier Hofkarten Bube, Ritter, Königin und König. Die Hofkarten symbolisieren verschiedene Persönlichkeitsaspekte und stehen häufig für Menschen in unserem Leben oder die Energie, die wir jetzt gerade brauchen. Zwar sind die Hofkarten traditionell Geschlechtern zugeordnet, bei der Deutung können sie allerdings für alle Gender stehen.

Für die Auslegung sind die Kartenfarben wichtig. Sie werden mit speziellen Energien, Elementen und Tierkreiszeichen assoziiert, die der Interpretation Tiefe verleihen. Die Kelche sind dem Element Wasser, den Tierkreiszeichen Krebs, Fische und Skorpion zugeordnet sowie allem, was sich auf Gefühle, Emotionen, Intuition und Kreativität bezieht. Die Stäbe werden mit dem Element Feuer, den Zeichen Widder, Löwe und Schütze assoziiert, dabei geht es um Energie, Leidenschaft und Motivation. Die Münzen und das Element Erde gehören zusammen, dazu kommen die Tierkreiszeichen Stier, Jungfrau und Steinbock, es geht um materielle Dinge wie Finanzen, Arbeit und Gesundheit. Die Schwerter sind dem Element Luft und den Tierkreiszeichen Zwillinge, Waage und Wassermann zugeordnet, Themen sind Gedanken, Handlungen, Worte und Kommunikation.

Die Kelche

Ass der Kelche

HERRSCHENDER PLANET Mond **TIERKREISZEICHEN** Krebs, Skorpion und Fische **ELEMENT** Wasser **JA ODER NEIN** Ja **SCHLÜSSELWÖRTER AUFRECHT** Liebe, Neuanfänge, Mitgefühl, neue Beziehungen, Kreativität, Intuition, Spiritualität **SCHLÜSSEL-WÖRTER UMGEDREHT** Leere, emotionaler Verlust, blockierte Kreativität, sich ungeliebt fühlen

Bedeutung aufrecht

Das Ass der Kelche zeigt eine Hand als Symbol für die Hand Gottes. Die Wolke verbirgt seinen Körper als Zeichen seiner göttlichen Natur und steht für das Bewusstsein für die eigene spirituelle Energie. Die Taube über dem Kelch symbolisiert Spiritualität und erinnert dich daran, dich deiner spirituellen Seite zuzuwenden und für die spirituelle Energie, die dich in diesem Moment durchfließt, offen zu sein.

Die Karte steht für Neuanfänge, mit der Betonung auf Liebe, Mitgefühl und Empathie. Sie ist ein Hinweis, dass du dich dem Fluss von Liebe und Mitgefühl hingeben sollst, vertreten durch das Wasser, das aus dem Kelch fließt. Die Karte wird mit allen Wasserzeichen Fische, Krebs und Skorpion assoziiert. Alle Kelchkarten sind mit den Eigenschaften von Wasser verbunden. Das Ass der Kelche ist eine Erinnerung, sich mit der eigenen Intuition zu verbinden und der Botschaft zu lauschen, die sie überbringt, aber sich auch der eigenen kreativen Seite zuzuwenden.

Bedeutung umgedreht

Umgekehrt steht das Ass der Kelche für emotionale und kreative Blockaden. Das Wasser fließt nicht mehr, was auf Traurigkeit oder auch auf verdrängte Gefühle, die losgelassen werden müssen, hinweisen kann. Lenke deine Energie nach innen, um auf dich selbst zu achten – man kann nicht aus einem leeren Becher schöpfen. Es ist auch ein Zeichen, dass du keine Lust auf soziale Kontakte hast – nimm dir bei Bedarf eine Auszeit.

Die Zwei der Kelche

HERRSCHENDER PLANET Venus **TIERKREISZEICHEN** Krebs **ELEMENT** Wasser **JA ODER NEIN** Ja **SCHLÜSSELWÖRTER AUFRECHT** Partnerschaft, Beziehungen, spirituelle Vereinigung, Einheit, gegenseitige Anziehung **SCHLÜSSELWÖRTER UMGEDREHT** Schlechte Kommunikation, Trennungen, Misstrauen, Disharmonie, Spannung, Ungleichgewicht

Bedeutung aufrecht

Die Zwei der Kelche steht für gefundene Liebe, Partnerschaft und Beziehungen. Im Rider-Waite-Smith-Deck zeigt diese Karte einen Mann und eine Frau, die in einer Zeremonie ihre Kelche austauschen, während sie sich gegenseitig ihre Liebe versichern, was dazu passt, dass die Karte von Venus, dem Planeten der Liebe, beherrscht wird. Das Paar symbolisiert Vereinigung generell, aber auch das Vereinen zweier verschiedener Ideen.

Über dem Paar schwebt der Hermesstab, ein geflügelter Stab, um den sich zwei Schlangen winden. Er ist das Symbol für den Götterboten Hermes und repräsentiert die Verbindung und den Energieaustausch zwischen zwei Menschen, zusätzlich dargestellt durch den Löwen. Die Karte wird vom Tierkreiszeichen Krebs beherrscht, das für die zugeordneten Emotionen steht und ein Zeichen ist, nach solchen Seelenverbindungen in deinem eigenen Leben Ausschau zu halten. Ob eine romantische oder platonische Beziehung – bei der Karte geht es um zwei Menschen, die zusammenkommen, um das Beste im jeweils anderen herauszubringen.

Bedeutung umgedreht

Die umgedrehte Zwei der Kelche weist auf Misstrauen, Disharmonie und Unstimmigkeiten in deinen Beziehungen hin. Ursache dafür kann sein, dass zwei Menschen nicht zusammenpassen oder dass sie unwillig sind, gleichviel Zeit und Energie in die Beziehung zu stecken. Um diese fehlende Balance muss sich gekümmert werden, wenn du vorankommen möchtest. Die Karte kann auch ein Zeichen für schlechte Kommunikation sein und dafür, dass es notwendig ist, dass du über deine Emotionen sprichst, um etwas von der Spannung loszuwerden, die du fühlst. Sie kann auch für Trennung stehen, wenn man sich nicht um die Probleme innerhalb der Beziehungen kümmert.

Die Drei der Kelche

HERRSCHENDER PLANET Merkur **TIERKREISZEICHEN** Krebs **ELEMENT** Wasser **JA ODER NEIN** Ja **SCHLÜSSELWÖRTER AUFRECHT** Freundschaft, Kreativität, Feier, Freude, Zusammenarbeit, Fülle, Schwesternschaft **SCHLÜSSELWÖRTER UMGEDREHT** Völlerei, Exzess, Isolation, sich überfordert fühlen, Tratsch, übertriebene Feierei

Bedeutung aufrecht

Die Drei der Kelche steht für fröhliches Feiern, Schwesternschaft und Freundschaft, auf der Karte des Rider-Waite-Smith-Decks symbolisiert durch die drei im Kreis tanzenden jungen Frauen, die sich mit einem Kelch in der Hand zuprosten. Für dich steht eine sozial geschäftige Zeit an, in der es Anlässe gibt, mit denen zusammenzukommen, die du liebst. Der herrschende Planet Merkur, Planet der Kommunikation und des Energieaustausches, erleichtert dir diese rührige Phase, in der du mit vielen verschiedenen Menschen zusammen bist. Dank des nährenden Krebses, dem herrschenden Tierkreiszeichen, schaffst du es, deinen Lieben Liebe, Mitgefühl und Fürsorge zu geben und dasselbe von ihnen anzunehmen.

Die Karte kündigt eine Zeit der Fülle an, dargestellt durch die Blumen zu Füßen der Frauen – ein Zeichen, dass gute Zeiten auf dich zukommen. Die Karte steht außerdem für Zusammenarbeit und Kreativität und ist eine Einladung zur Gemeinschaftsarbeit an kreativen Projekten, wobei ihr euch auf dem Weg zu einem gemeinsamen Ziel gegenseitig inspiriert.

Bedeutung umgedreht

Die umgedrehte Drei der Kelche steht für Völlerei und Exzess. Die Karte kann ein Hinweis auf ein Übermaß an Feiern sein oder auf ein äußerst turbulentes soziales Leben, das dich überfordert und erschöpft. Sie ist Erinnerung, dass alles, auch die guten Dinge im Leben, sich bei übermäßigem Genuss negativ auf dein Wohlbefinden auswirken kann, und weist darauf hin, dass du eine Balance zwischen deinem Sozialleben und der Zeit, in der du dich um dein Wohlbefinden kümmerst, schaffen sollst. Nimm dir eine Auszeit, damit du dich ausruhen und dich auf dich selbst fokussieren kannst.

Die Vier *der Kelche*

HERRSCHENDER PLANET Mond **TIERKREISZEICHEN** Krebs **ELEMENT** Wasser **JA ODER NEIN** Vielleicht **SCHLÜSSELWÖRTER AUFRECHT** Abschluss, Stillstand, Neubewertung, neue Möglichkeiten ablehnen, Depression, Langeweile **SCHLÜSSELWÖRTER UMGEDREHT** Ende des Stillstands, vorwärtskommen, Gelegenheiten ergreifen, Motivation, Enthusiasmus

Bedeutung aufrecht

Die Vier der Kelche steht für verpasste Gelegenheiten und Stillstand. Im Rider-Waite-Smith-Deck sieht man einen Mann gedankenversunken unter einem Baum sitzend. Er ist so mit sich beschäftigt, dass er die Kelche, die ihm angeboten werden, nicht wahrnimmt, ein Hinweis, dass du neue Gelegenheiten, die sich für dich auftun, nicht wahrnehmen möchtest. Find heraus, warum das so ist, damit du sie nicht verstreichen lässt, weil du sie nicht erkennst. In diesem Zusammenhang kann die Karte dafür stehen, dass du deine Motivation verloren hast, oder ein Hinweis auf Depression, Stillstand, Langeweile und Enttäuschung sein.

Beherrscht vom Mond im Krebs steht die Vier der Kelche dafür, dass du in deiner Komfortzone festsitzt, aber das macht dich unempfänglich für neue Erfahrungen. Lass deine Angst oder Zweifel los und erkenne die Gelegenheiten, die sich für dich auftun, damit du das meiste für dich daraus machen kannst.

Bedeutung umgedreht

Die umgedrehte Vier der Kelche kann bedeuten, dass du dich aus deiner Betriebsblindheit herausschälst. Wenn du denkst, dass du durch eine Zeit des Stilstands gegangen bist, dann sagt diese Karte, dass du dich endlich motivierter und energiegeladener fühlst, und bereit bist, die Gelegenheit beim Schopf zu packen. In letzter Zeit hast du Möglichkeiten und neue Erfahrungen abgelehnt, aber jetzt begrüßt du sie und nutzt sie, um voranzukommen.

Die Fünf der Kelche

HERRSCHENDER PLANET Mars **TIERKREISZEICHEN** Skorpion **ELEMENT** Wasser **JA ODER NEIN** Nein **SCHLÜSSELWÖRTER AUFRECHT** Verlust, Enttäuschung, Kummer, Bedauern, Pessimismus, Versagen, Trauer **SCHLÜSSELWÖRTER UMGEDREHT** Akzeptanz, Vorankommen, sich selbst vergeben, Frieden finden

Bedeutung aufrecht

Die Fünf der Kelche steht für Pessimismus, Bedauern und Enttäuschung. Die Karte im Rider-Waite-Smith-Deck zeigt einen Mann, der drei Kelche ansieht, die umgekippt vor ihm auf dem Boden liegen, ein Hinweis auf Versagen und Verlust. Hinter dem Mann sind zwei weitere Kelche, die noch stehen – sie symbolisieren Potenzial und Möglichkeiten und Hoffnung, auch wenn die Situation hoffnungslos wirkt. Der Mann ist auf die umgekippten Kelche fixiert, ein Hinweis, dass du zu sehr auf die Mühsale im Leben fokussiert bist und als Folge davon neue Gelegenheiten verstreichen lässt.

Der Mann trägt einen schweren Umhang als Symbol, wie schwer Trauer und Kummer wiegen. Du bist nicht in der Lage, optimistisch zu sein und bleibst weiter pessimistisch, weil du die Vergangenheit nicht loslassen kannst. Die Karte wird beherrscht vom Skorpion, dem Zeichen, das mit dem Kreislauf von Geburt und Tod assoziiert wird, eine Erinnerung, dass alle Schwierigkeiten irgendwann vorübergehen.

Bedeutung umgedreht

Die umgedrehte Fünf der Kelche ist ein Hinweis, dass du gut zu dir selbst sein sollst. Das Leben mag in letzter Zeit schwer gewesen sein, vielleicht gibst du dir selbst die Schuld daran, dass etwas schiefgelaufen ist, und fühlst dich schuldig oder schämst dich dafür. Vergib dir selbst. Hör auf, dir Vorwürfe zu machen und lass die Vergangenheit ruhen. Lass das, was schwer auf dir lastet, los, damit du weiterkommst und Frieden finden kannst. Du kannst die Vergangenheit nicht ändern, aber du kannst danach streben, die Zukunft so gut wie möglich zu gestalten.

Die Sechs der Kelche

HERRSCHENDER PLANET Sonne **TIERKREISZEICHEN** Skorpion **ELEMENT** Wasser **JA ODER NEIN** Ja **SCHLÜSSELWÖRTER AUFRECHT** Erinnerungen, Nostalgie, zurückblicken, Vertrautheit, Unschuld, Freude **SCHLÜSSELWÖRTER UMGEDREHT** Vergebung, in der Vergangenheit leben, weitergehen, finden, Unabhängigkeit

Bedeutung aufrecht

Die Sechs der Kelche repräsentiert Unschuld, Kindheitserinnerungen und Freude. Auf der Karte des Rider-Waite-Smith-Decks wird das durch einen kleinen Jungen symbolisiert, der sich vorbeugt, um einem Mädchen einen Kelch voll weißer Blüten zu reichen. Die Blüten stehen für die Reinheit und Unschuld der Kinder, der Kelch steht für das Teilen und für Großzügigkeit.

Das Mädchen sieht liebevoll zum Jungen hinauf, als sie den Kelch nimmt. Die Kinder stehen für das Besinnen auf die Vergangenheit und das kann bedeuten, dass du dich in letzter Zeit nostalgisch fühlst. Die Karte kann auch dafür stehen, dass etwas aus der Vergangenheit sich in der Gegenwart zeigt. Mit der Sonne als herrschendem Planeten wird die Karte mit Positivität, Wärme und Freude assoziiert. Jetzt solltest du dich mit Menschen treffen, die du liebst, und Erinnerungen mit ihnen teilen. Denk an die glücklichen, gemeinsamen Zeiten und erlaube es dir, dich mit deinem inneren Kind zu verbinden, sei verspielt, hab Spaß!

Bedeutung umgedreht

Umgedreht kann die Sechs der Kelche bedeuten, dass du so tief in der Vergangenheit lebst, dass du den Bezug zur Gegenwart verlierst. Das soll nicht heißen, dass du nicht über die Vergangenheit nachdenken sollst, solange die Erinnerungen nicht die Oberhand gewinnen. Wir sehen Vergangenes manchmal durch eine rosarote Brille und verlieren dadurch die Realität aus den Augen. Fokussiere deine Aufmerksamkeit auf die Gegenwart. Es ist Zeit, gehen zu lassen, was war, besonders Dinge aus der Kindheit, damit du eigenständig vorankommst.

Die Sieben der Kelche

HERRSCHENDER PLANET Venus **TIERKREISZEICHEN** Skorpion **ELEMENT** Wasser **JA ODER NEIN** Vielleicht **SCHLÜSSELWÖRTER AUFRECHT** Möglichkeiten, Wahl, Tagträume, Eskapismus, Wunschdenken **SCHLÜSSELWÖRTER UMGEDREHT** Verwirrung, Überforderung durch Auswahl, Unordnung, Ablenkung

Bedeutung aufrecht

Die Sieben der Kelche steht für Chancen und Entscheidungen, symbolisiert durch die sieben Kelche auf Wolken, gefüllt mit verschiedenen Kostbarkeiten. Die Wolken stehen für unsere Träume und können darauf hinweisen, dass du Tagträumen nachhängst und für unrealistische Vorstellungen empfänglich bist. Die Kostbarkeiten selbst repräsentieren Versuchungen. Bevor du eine Entscheidung fällst, stelle sicher, dass du alle Informationen hast, die du dafür brauchst.

Dass die Kostbarkeiten mit einem Risiko einhergehen, zeigt sich in der Schlange, die symbolisiert, dass nicht alle Möglichkeiten so gut sind, wie sie auf den ersten Blick wirken. Die Kelche können auch bedeuten, dass du deine Tagträume als Fluchtmöglichkeit benutzt oder dass deine Vorstellungen nicht auf realen Gegebenheiten aufbauen. Die Schlange steht für Sexualität und Erneuerung, sie ist ein Symbol des Skorpions. Im Rider-Waite-Smith-Deck sieht man in einem Kelch einen Drachen, der Veränderungen repräsentiert, in den anderen Kelchen steht die Burg für Sicherheit, der Lorbeerkranz für Erfolg und die Juwelen für Glück. Die große Auswahl kann deine Aufmerksamkeit ablenken, besonders, wenn etwas zu gut aussieht, um wahr zu sein.

Bedeutung umgedreht

Die umgedrehte Sieben der Kelche taucht beim Legen auf, wenn dich die Auswahl überfordert. Vielleicht bist du verwirrt und weißt nicht, was das Beste für dich ist. Sieh dir deine Optionen an und grenze sie so weit wie möglich ein. Orientiere dich bei deiner Entscheidung nicht an anderen, sondern richte deine Aufmerksamkeit nach innen, um dich mit deiner Intuition zu verbinden, damit sie dir die richtige Richtung zeigt.

Die Acht der Kelche

HERRSCHENDER PLANET Saturn **TIERKREISZEICHEN** Fische **ELEMENT** Wasser **JA ODER NEIN** Nein **SCHLÜSSELWÖRTER AUFRECHT** Enttäuschung, aufgeben, loslassen, weiterziehen, etwas hinter sich lassen **SCHLÜSSELWÖRTER UMGEDREHT** Zu lange bleiben, ziellos umhertreiben, Angst vor Veränderung, Angst vor Verlust

Bedeutung aufrecht

Die Acht der Kelche steht für Enttäuschung und für das Weiterziehen. Ein Mann entfernt sich von einer unvollendeten Pyramide aus Kelchen, möglicherweise ein Zeichen, dass du deine Pläne aufgegeben hast und nun enttäuscht bist, dass sich die Dinge nicht so entwickelt haben, wie du es gewollt hast. Ob dies deine Wahl war oder ob du dazu gezwungen bist, die Karte sagt dir, dass es Zeit ist, loszulassen und etwas hinter dir zu lassen: einen Job, eine Beziehung oder Freundschaft, weil es Zeit ist, zu etwas Besserem weiterzuziehen. Durch den Planeten Saturn, der mit Weisheit assoziiert wird, erfährst du Erhellung, damit du weißt, wann es Zeit ist, loszulassen.

Die Gebirgskette auf der Karte ist ein Hinweis, dass diese Reise nicht immer leicht sein wird, aber sie wird es wert sein. Veränderungen können unbequem sein, aber du besitzt die Entschlossenheit, dein Ziel zu erreichen. Der Fluss repräsentiert deine Emotionen und die Notwendigkeit, Dinge loszulassen, die dir nicht länger guttun.

Bedeutung umgedreht

Die umgedrehte Acht der Kelche kann bedeuten, dass du zu lange in einer Situation verharrt hast, die schlecht für dich ist. Wenn du dich fragst, ob du bleiben sollst oder besser etwas verlässt, das deinem höchsten Gut nicht dient, nimm Kontakt zu deiner Intuition auf, damit sie dich führt. Du ziehst diese Karte, wenn du zögerst, weiterzukommen und stillstehst, weil du Angst vor Veränderungen hast. Zeigt die Rückseite nach oben, kann sie auch bedeuten, dass du unzufrieden an einem Ort bist und dementsprechend nur durchs Leben treibst und von einem zum anderen springst.

Die Neun der Kelche

HERRSCHENDER PLANET Jupiter **TIERKREISZEICHEN** Fische **ELEMENT** Wasser **JA ODER NEIN** Ja **SCHLÜSSELWÖRTER AUFRECHT** Zufriedenheit, Befriedigung, Fülle, Dankbarkeit, erfüllte Wünsche, Freude, emotionale Erfüllung **SCHLÜSSELWÖRTER UMGEDREHT** Unzufriedenheit, negative Haltung, Pessimismus, unerfüllte Wünsche

Bedeutung aufrecht

Die Neun der Kelche zeigt einen Mann mit vor der Brust gekreuzten Waffen. Neun Kelche sind wie Trophäen um ihn herum platziert als Erinnerung, dass du stolz sein darfst auf deine Leistungen. Gleichzeitig sollst du mithilfe Jupiters, des Planeten der Expansion und des Glücks, die Fülle in deinem Leben erforschen. Jetzt gerade wird alles, was du berührst, zu Gold, nutze das, um deine Ziele zu erreichen, damit deine Wünsche wahr werden.

Die Neun der Kelche ist eine sehr positive Karte, denn sie steht für Erfüllung und Zufriedenheit in allen Aspekten deines Lebens. Zwar ist nichts im Leben von Dauer, aber gerade jetzt läuft alles gut. Hast du kürzlich eine schwierige Zeit durchlebt, wird nun alles besser. Die Karte steht für Erfüllung und Erfolg, sie sagt dir, dass du alles schaffen kannst. Und sie ruft dir zu, dass du die Freuden des Lebens genießen kannst und gleichzeitig dankbar sein sollst für die Fülle, die dich umgibt.

Bedeutung umgedreht

Liegt die Karte umgedreht, kann das ein Zeichen sein, dass die Dinge sich nicht so entwickelt haben, wie du gehofft hast, oder du hast es nicht geschafft, zu vollenden, was du begonnen hast, wodurch du enttäuscht und unglücklich bist. Sie kann ein Hinweis sein, dass deine Einstellung negativ ist oder du negativ in die Zukunft schaust, dadurch machst du es dir zunehmend schwer. Und es kann sich negativ auf dein Selbstvertrauen und Selbstwertgefühl auswirken. Die Karte erscheint, wenn jemand dich im Stich gelassen hat und steht für zerstörte Wünsche und unerfüllte Träume.

Die Zehn *der Kelche*

HERRSCHENDER PLANET Mars **TIERKREISZEICHEN** Fische **ELEMENT** Wasser **JA ODER NEIN** Ja **SCHLÜSSELWÖRTER AUFRECHT** Inneres Glück, Harmonie, Gleichklang, Erfüllung, göttliche Liebe, glückliche Beziehungen **SCHLÜSSELWÖRTER UMGEDREHT** Abtrennung, Familienprobleme, schwierige Beziehungen, fehlender Einklang

Bedeutung aufrecht

Im Raider-Waite-Smith-Deck zeigt die Zehn der Kelche einen Mann und eine Frau, die jeder einen Arm um den anderen geschlungen haben. Sie symbolisieren Glück und erinnern daran, dass wir für die Segen in unserem Leben dankbar sein sollen. Kinder spielen fröhlich an ihrer Seite, sie demonstrieren das Weitergeben dieses Reichtums an die nächste Generation. Außerdem stehen die Kinder für emotionales Glück und unschuldige Freude. Die Familie steht für glückliche Beziehungen und kann ein Zeichen für Harmonie in deinen Beziehungen sein, speziell in der Familie.

Der große Regenbogen ist ein uraltes Symbol für Frieden und göttliches Wohlwollen, das zusätzlich das Glück unterstreicht, für das die Karte steht. Hattest du in letzter Zeit Schwierigkeiten, betrachte die Karte als ein Versprechen darauf, dass bessere Zeiten kommen. Dank des herrschenden Zeichens Fische ist die Karte mit Mitgefühl verbunden und dem Teilen der Segnungen in deinem Leben mit Menschen, die du liebst. Es ist überdies Zeit, die Belohnung für all deine Bemühungen einzuholen.

Bedeutung umgedreht

Liegt die Zehn der Kelche verkehrt herum, weist das auf Probleme in der Familie hin oder auf ein unglückliches Familienleben. Familiäre Beziehungen sind vielleicht unter Druck geraten und es besteht wenig Harmonie zu denen, die du liebst. Dadurch fühlst du dich vielleicht abgetrennt von ihnen und eventuell stellst du infrage, wie stark eure Familienbande wirklich sind. Denk daran, dass alle Beziehungen schwere Zeiten durchlaufen. Das heißt nicht, dass die Verbindung dauerhaft beschädigt ist. Sei realistisch in deinen Erwartungen. Auseinandersetzungen können allerdings auch den gegenteiligen Effekt haben und Menschen zusammenbringen, die ein gemeinsames Problem lösen möchten.

DER BUBE der Kelche

HERRSCHENDER PLANET Jupiter und Venus **TIERKREISZEICHEN** Fische und Stier **ELEMENT** Wasser und Erde **JA ODER NEIN** Ja **SCHLÜSSELWÖRTER AUFRECHT** Jugendlichkeit, Fantasie, kreative Möglichkeiten, Intuition **SCHLÜSSELWÖRTER UMGEDREHT** Emotionale Reife, Unsicherheit, Zweifel, kreative Blockaden

Bedeutung aufrecht

Der Bube der Kelche repräsentiert Jugendlichkeit und unser inneres Kind. Wird die Karte gelegt, sollen wir das Leben nicht zu ernst nehmen. Er ist außerdem Überbringer intuitiver Botschaften und kreativer Möglichkeiten. Er erinnert uns daran, unserer Intuition zu vertrauen, um etwas über uns zu erfahren. Wenn du in letzter Zeit Probleme hattest, ist das ein Zeichen dafür, dass du plötzliche kreative Einsichten bekommst.

Ein junger Mann steht mit einem Becher am Ufer. Ein Fisch springt aus dem Kelch heraus als Zeichen dafür, dass du unerwartete, aber glückliche Neuigkeiten erhalten könntest. Vielleicht steigen gerade unerwartete Emotionen in dir auf. Wenn diese Hofkarte für eine Person steht, ist dies häufig ein Kind oder ein junger Mensch. Das herrschende Wasserzeichen Fische besagt, dass die Person träumerisch, idealistisch und sensibel ist. Ebenfalls vom Erdzeichen Stier beherrscht, ist der Bube die Einladung, mehr Balance und Stabilität in dein Leben zu bringen.

Bedeutung umgedreht

Der umgedrehte Bube der Kelche sagt dir, dass du in letzter Zeit dein inneres Kind vernachlässigt hast. Du hast alles zu ernst genommen und solltest dringend mehr Leichtigkeit zulassen. Es kann auch bedeuten, dass du deine Intuition und dein Bauchgefühl ignoriert hast. Die Karte kann für kreative Blockaden und einen Mangel an Inspiration stehen. Hör auf, dich in Frage zu stellen und unsicher zu fühlen. Entdecke stattdessen deine kreative Leidenschaft wieder, sie wird dir helfen, Hindernisse aus dem Weg zu räumen. Die Karte verkörpert außerdem emotionale Unreife.

DER RITTER *der Kelche*

HERRSCHENDER PLANET Venus und Sonne **TIERKREISZEICHEN** Fische und Löwe **ELEMENT** Wasser und Feuer **JA ODER NEIN** Ja **SCHLÜSSELWÖRTER AUFRECHT** Charme, Romantik, Idealismus, Verführung, dem Herzen folgen **SCHLÜSSELWÖRTER UMGEDREHT** Wankelmütigkeit, unrealistisch, launisch, eifersüchtig, überaktive Fantasie

Bedeutung aufrecht

Im Rider-Waite-Smith-Deck trägt der Ritter der Kelche eine Rüstung und hält einen Kelch, er reitet auf einem weißen Pferd, das Reinheit und Spiritualität verkörpert. Er repräsentiert Aktivität und Tatendrang, und als Kelch ist er mit Emotionen und Intuition verbunden. Er ist ein Hinweis auf Einladungen, gute Neuigkeiten und darauf, geerdet zu bleiben, damit du unterscheiden kannst, was Realität ist und was ins Reich der Träume und Fantasie gehört.

Venus ist einer der herrschenden Planeten, somit wird die Karte mit Romantik assoziiert und symbolisiert Charme, Zuversicht und Verführung. Weil sich der Mut und die Leidenschaft des herrschenden Zeichens Löwe mit den emotionalen und intuitiven Fischen vermischt, ist diese Karte in Liebesfragen sehr positiv. Sie ist ein Zeichen, dass du bald hin und weg sein wirst! Bei Herzensdingen entscheide mit deinen Gefühlen und nicht mit deinem Verstand. Es ist Zeit, deinem Herzen zu folgen.

Bedeutung umgedreht

Der umgedrehte Ritter der Kelche sagt dir, dass du dich nicht von Emotionen kontrollieren lassen sollst. Er steht für Eifersucht, Launenhaftigkeit, aber auch für schlechte Neuigkeiten oder zurückgenommene Einladungen. Die Karte kann auch ein Hinweis sein, dass deine Fantasie zu rege ist und du als Folge davon unrealistische Vorstellungen hast, die fern der Realität sind. Um im Leben voranzukommen und Hürden zu überwinden, müssen deine Gedanken in der realen Welt geerdet sein, damit sie Wurzeln schlagen und aufblühen können. Die Karte kann auch für Wankelmütigkeit stehen.

Die Königin der Kelche

HERRSCHENDER PLANET Mond und Venus **TIERKREISZEICHEN** Fische und Krebs **ELEMENT** Wasser **JA ODER NEIN** Ja **SCHLÜSSELWÖRTER AUFRECHT** Mitgefühl, intuitiv, ruhig, emotionale Stabilität, übersinnliche Fähigkeiten, Empathie **SCHLÜSSELWÖRTER UMGEDREHT** Emotionale Instabilität, Co-Abhängigkeit, Unsicherheit, spirituell losgelöst

Bedeutung aufrecht

Die Königin der Kelche zeigt eine Frau auf einem Thron am Meeresufer. Sie hält einen Kelch mit einem Deckel als Symbol, dass ihre Emotionen aus den Tiefen ihres unbewussten Geistes kommen. Das kann dafür stehen, dass du deine Gefühle gerne für dich behältst. Regiert von zwei Wasserzeichen (Fische und Krebs), ist die Karte auf deine Emotionen fokussiert, da aber die Königin über das Element Wasser herrscht, ist sie ein Symbol für emotionale Stabilität und Hinweis, dass du deine Emotionen im Griff hast. Die Karte ist hochintuitiv und ein Zeichen, dass du den Botschaften trauen darfst, die deine Intuition dir sendet, speziell in deinen Träumen, und dass du deine übersinnlichen Fähigkeiten erforschen sollst.

Die Königin der Kelche repräsentiert jemanden mit einer fürsorglichen Natur. Traditionell steht sie für eine reife Frau, kann aber jede mütterliche, zugewandte und unterstützende Person sein, die gut zuhören kann und häufig zudem empathisch ist. Die Karte kann ein Hinweis darauf sein, mitfühlender mit den Menschen um dich herum zu sein und mit dir selbst – nimm dir etwas Zeit für deine emotionale Gesundheit und kümmere dich um dein Wohlergehen.

Bedeutung umgedreht

Auf dem Kopf bedeutet die Königin der Kelche emotionale Instabilität, Unsicherheit und das Fehlen der Übereinstimmung mit den eigenen Emotionen. Sie kann auch für einen Grad emotionaler Unreife stehen. Wer nicht in Einklang mit seinen Emotionen steht, kann in Beziehungen co-abhängig werden und die Emotionen anderer übernehmen, so weit, dass es der eigenen geistigen Gesundheit schadet. Dadurch kannst du dich von dir selbst und deiner Spiritualität abgetrennt fühlen. Schau dir jetzt deine Beziehungen an, um herauszufinden, welche ungesunden Bindungen du ablegen solltest.

DER KÖNIG *der Kelche*

HERRSCHENDER PLANET Venus und Jupiter **TIERKREISZEICHEN** Fische und Waage **ELEMENT** Wasser und Luft **JA ODER NEIN** Ja **SCHLÜSSELWÖRTER AUFRECHT** Emotionale Reife, emotionale Ausgeglichenheit, Großzügigkeit, Ausgleich zwischen Kopf und Herz **SCHLÜSSELWÖRTER UMGEDREHT** Kälte, emotionale Manipulation, Launenhaftigkeit, Selbstsucht

Bedeutung aufrecht

Der König der Kelche steht vor einem Steinthron, der emotionale Reife repräsentiert, das heißt, dass du Kontrolle über deine Emotionen hast. Der König hält in einer Hand einen Kelch, der für Emotionen steht, und in der anderen ein Zepter, das Macht bedeutet. Zusammen ergeben die Symbole ein emotionales Gleichgewicht. Herrschende Elemente sind Wasser (Fische) und Luft (Waage), es werden Emotionen mit Logik gemischt und sind das Zeichen, dass du eine Balance zwischen Herz und Kopf herstellen kannst. Schalte bei jeder Entscheidung die Vernunft ein und überlass deinen Gefühlen nicht die Oberhand.

Die Karte ist außerdem mit der Kreativität verbunden, symbolisiert durch ein Fischamulett um den Hals des Königs. Es zeigt, dass du zum Bersten mit kreativer Energie gefüllt bist, und ist eine Aufforderung, dich deiner künstlerischen Seite zuzuwenden. Sollte der König der Kelche eine Person darstellen, ist es traditionell jemand, der älter als 40 Jahre ist, aber die maskuline Energie spricht für jeden, der ruhig, freundlich und mitfühlend ist und eine starke Intuition besitzt.

Bedeutung umgedreht

Der auf dem Kopf stehende König der Kelche repräsentiert fehlende emotionale Reife und Balance. Du lässt dich von deinen Emotionen kontrollieren, die dich als Folge davon überwältigen. Er kann ebenso für emotionale Manipulation stehen. Die Karte kann symbolisieren, dass du zu viel deiner Energie in deine Emotionen steckst, was zu Depressionen und Überforderung führen kann. Sie ist ein Hinweis darauf, dass du nicht nett genug zu dir selbst bist – finde die Balance zwischen Kopf und Herz.

Die Stäbe

Das Ass *der Stäbe*

HERRSCHENDER PLANET Mars **TIERKREISZEICHEN** Widder, Löwe und Schütze **ELEMENT** Feuer **JA ODER NEIN** Ja **SCHLÜSSELWÖRTER AUFRECHT** Inspiration, neue Ideen, Kreativität, neue Möglichkeiten, Wachstum, Potenzial, Enthusiasmus **SCHLÜSSELWÖRTER UMGEDREHT** Mangel an Energie, richtungslos, Verzögerungen, Ablenkung, leidenschaftslos

Bedeutung aufrecht

Das Ass der Stäbe repräsentiert Neuanfänge und Potenzial, daher sehen wir auf der Karte einen austreibenden Stab als Versprechen und Zeichen für Chancen. Außerdem strotzt es vor kreativer Energie, es möchte, dass du dich mit deinen Leidenschaften verbindest. Es steht dafür, dass du Interesse und Energie für ein neues Projekt, einen neuen Job oder eine neue Beziehung aufbringst.

Neue Chancen werden durch das Tierkreiszeichen Widder repräsentiert. Die zwei weiteren herrschenden Feuerzeichen, Löwe und Schütze, sorgen für Kreativität und Inspiration. Sie mahnen, auf dem Weg zu den Zielen motiviert zu bleiben. Das Ass der Stäbe bringt dir positive Energie, garantiert allerdings nicht den Erfolg. Es ist die Einladung, das meiste an Wachstum aus dem, was zur Verfügung steht, herauszuholen – das ist harte Arbeit, aber dadurch werden deine Ideen zu etwas, das bleibt.

Bedeutung umgedreht

Umgedreht ist die Karte ein Hinweis auf einen Mangel an Leidenschaft und Motivation sowie verschwendetes Talent. Sie steht für Rückschläge und dafür, dass du zögerst, etwas Neues anzufangen. Die Karte symbolisiert verpasste Gelegenheiten und erinnert dich daran, dir bei deinem persönlichen Wachstum nicht selbst im Weg zu stehen, wenn du nicht bereit bist, etwas Neues zu probieren. Mach eine Pause und nimm dir Zeit, damit deine Inspiration fließen kann.

DIE ZWEI *der Stäbe*

HERRSCHENDER PLANET Mars **TIERKREISZEICHEN** Widder **ELEMENT** Feuer **JA ODER NEIN** Ja **SCHLÜSSELWÖRTER AUFRECHT** Zukunftsplanung, Beständigkeit, Entscheidungen treffen, Fortschritt, Entdeckungen **SCHLÜSSELWÖRTER UMGEDREHT** Angst vor Veränderung, Unentschlossenheit, schlechte Planung, auf Sicherheit spielen, Untätigkeit

Bedeutung aufrecht

Im Rider-Waite-Smith-Deck zeigt die Zwei der Stäbe einen Mann, der oben auf einer Burg steht. Er hält eine Kugel, die sein großes Potenzial repräsentiert und einen Stab. Hinter ihm steht ein zweiter Stab, er symbolisiert Entscheidungen. Die Karte bedeutet, dass du vermutlich entscheiden muss, ob du auf unbekanntes Terrain vorstößt, um das meiste aus den Möglichkeiten zu machen, die sich auftun. Die Burg steht für deine Komfortzone, aber da es bei der Karte um Entdeckungen geht, ist sie eine Aufforderung, deinen Horizont zu erweitern und dein Potenzial zu erschließen.

Die Zwei der Stäbe steht für das Erkunden der vorhandenen Optionen und für die Planung deiner nächsten Schritte. Die Energie des herrschenden Planeten Mars in den Fischen ruft dich zum Handeln auf und zeigt dir, dass eine Strategie wichtig ist, wenn man neues Areal betritt. Wenn du deine Optionen kennst, kannst du entscheiden, was du erreichen möchtest und auf welchem Weg, da Langzeitstrategien dir Erfolg bescheren werden.

Bedeutung umgedreht

Die umgedrehte Zwei der Stäbe steht für deine Unentschlossenheit. Deine Angst vor Veränderung macht es dir schwer, zu entscheiden, in welche Richtung du gehen möchtest. Du spielst zu sehr auf Sicherheit, wenn du nicht aktiv wirst. Es ist Zeit, aus deiner Komfortzone herauszutreten. Die Karte steht außerdem für schlechte Planung, die es dir erschwert, voranzukommen. Fokussiere dich auf deine Langzeitziele und die detaillierte Planung, sie zu erreichen.

Die Drei *der Stäbe*

Herrschender Planet Sonne **Tierkreiszeichen** Widder **Element** Feuer **Ja oder Nein** Ja **Schlüsselwörter aufrecht** Nach vorne schauen, Fortschritt, Wachstum, Voraussicht, Expansion, Schwung **Schlüsselwörter umgedreht** Mangel an Voraussicht, Verzögerungen, Hindernisse, Blockaden, Frustration, kein Fortschritt

Bedeutung aufrecht

Die drei der Stäbe repräsentiert das Vorausplanen, symbolisiert durch den Mann, der an einer Klippe steht und auf das Land unter ihm blickt. Es ist Zeit, nach vorne zu schauen und deinen Horizont zu erweitern, damit du planen kannst, wie du deine Ziele erreichst, Herausforderungen erkennst, bevor sie sich auftun, und Wege findest, sie zu überwinden. Wie der Mann auf der Klippe solltest du das von einem sicheren Standort aus machen – das wird dir bei einer soliden Planung helfen.

Neben dem Mann stehen drei Stäbe auf dem Boden als Symbol für seine Hingabe an seine Pläne. Um vorwärtszukommen, nimm dir Zeit, deine Zukunft zu planen und halte dich an deine Strategien. Das erfordert Mut und Disziplin, aber dann bist du gewappnet für das, was kommt. Dank der Sonne wird die Karte mit Selbstvertrauen assoziiert und sagt dir, dass du an dich und deine Fähigkeiten glauben sollst. Es ist an der Zeit, in großen Maßstäben zu denken und über die bestehenden Umstände hinauszublicken. Hab keine Angst, kalkulierte Risiken einzugehen, um deine Ziele zu erreichen.

Bedeutung umgedreht

Die umgedrehte Drei der Stäbe weist auf einen Mangel an Planung, Fortschritt und Wachstum hin. Dein geringes Selbstvertrauen macht es dir schwer, deine Pläne umzusetzen. Die Karte kann außerdem bedeuten, dass du eine Entscheidung getroffen hast, mit der du nicht glücklich bist und nun enttäuscht bist mit der Situation, in der du dich befindest. Wenn diese Karte gelegt wird, erwarte Verzögerungen. Aufgrund fehlender Voraussicht kannst du auf unvorhergesehene Hürden und Probleme stoßen, die deinen Pfad blockieren.

Die Vier der Stäbe

HERRSCHENDER PLANET Venus **TIERKREISZEICHEN** Widder **ELEMENT** Feuer **JA ODER NEIN** Ja **SCHLÜSSELWÖRTER AUFRECHT** Feier, Heim, Harmonie, Freude, nach Hause kommen, Gemeinschaft **SCHLÜSSELWÖRTER UMGEDREHT** Keine Unterstützung, Konflikt, Konflikte zu Hause, unglückliche Familien

Bedeutung aufrecht

Im Rider-Waite-Smith-Deck zeigt diese Karte vier Stäbe, die mit einem Blumenkranz geschmückt sind, ein Zeichen für die Energien der Venus, dem Planeten der Liebe und Schönheit. Im Hintergrund tanzen zwei glückliche Menschen, sie stehen für Freude, Harmonie und Zufriedenheit. Und auch du sollst mit denen feiern, die du liebst. Die Karte symbolisiert Zufriedenheit und Glück, die daher rühren, dass sich harte Arbeit nun bezahlt macht. Sei stolz auf alles, was du erreicht hat und wie weit du schon gekommen bist.

Die Vier der Stäbe wird mit häuslicher Umgebung und Heimkehr assoziiert. Auf der Karte des Rider-Waite-Smith-Decks steht dafür die Burg, ein Symbol für Stabilität. Vielleicht kehrst du in eine vertraute Umgebung zurück und zu denen, die du liebst, nachdem du eine Weile fort warst oder du kehrt metaphorisch nach Hause zurück. Die Karte steht für eine Zeit der Sicherheit und dafür, dass du entspannt bist, dort, wo du hingehörst. In diesem Zusammenhang repräsentiert die Karte zudem Gemeinschaft oder Teamwork, wo Menschen mit einem gemeinsamen Ziel oder Interesse zusammenkommen.

Bedeutung umgedreht

Die umgedrehte Karte steht für abgesagte Feiern, Disharmonie und für das Unglücklichsein innerhalb der Familie. Sie kann Konflikte bedeuten, angespannte häusliche Verhältnisse oder das Weggehen von zu Hause. Vielleicht hast du dich unwillkommen gefühlt oder nicht die Unterstützung erhalten, die du erwartet hättest. Unglückliche Familien rufen Unsicherheit und Instabilität hervor, vielleicht durchläufst du gerade eine Zeit der Veränderung. Das kann zu einem Gefühl der Unausgewogenheit führen und du fragst dich, auf wen du dich verlassen kannst. Durch Übungen zur Erdung und Meditation bringst du mehr Balance in dein Leben.

schende Planet ist Saturn, er lässt dich vor Veränderungen zögern bis zu dem Punkt, an dem du dich selbst einschränkst. Die Karte deutet darauf hin, dass deine Beziehung zu einigen Menschen gerade angespannt ist. Die Fünf der Stäbe zeigt, dass persönlicher Zwist, Ego und schlechte Kommunikation zu Unstimmigkeiten beitragen, symbolisiert durch das Durcheinander, das wir auf der Karte sehen: Alle Personen kämpfen darum, gehört zu werden, aber keine hört zu. Benutze deine Kommunikationsfähigkeiten, um den Grund für das Problem herauszufinden.

Die Karte steht für Konkurrenz – die Art, die Hürden schafft. Die Figuren auf der Karte halten ihre Stäbe erhoben, aber sie berühren einander nicht, ein Zeichen für angestaute Frustration, Wut und Ressentiment bis zu dem Moment, in dem diese Emotionen überschlagen in Unstimmigkeit und Kampf. Mit denen um dich herum zu besprechen, wie du dich fühlst, löst diese Emotionen, bevor sie den Siedepunkt erreichen.

kürzlich schwierig, verspricht die Karte, dass bessere Zeiten bevorstehen, in denen die Spannung nachlässt und du eine Phase der friedlichen Kooperation erlebst. Es ist Zeit für Kompromisse und Zusammenarbeit, damit Lösungen gefunden werden. Man kann ruhig unterschiedlicher Meinung oder Ansicht sein, solange dies respektiert wird. Die Karte kann auch bedeuten, dass du aktiv einen Konflikt oder eine Konfrontation vermeidest, aber dadurch verschwinden deine Probleme nicht.

DIE SECHS *der Stäbe*

HERRSCHENDER PLANET Jupiter **TIERKREISZEICHEN** Löwe **ELEMENT** Feuer **JA ODER NEIN** Ja **SCHLÜSSELWÖRTER AUFRECHT** Erfolg, öffentliche Anerkennung, Sieg, Fortschritt, Selbstvertrauen, Triumph **SCHLÜSSELWÖRTER UMGEDREHT** Übermäßiger Stolz, mangelnde Anerkennung, Bestrafung, Fehler, keine Leistung

Bedeutung aufrecht

Die Sechs der Stäbe zeigt einen Mann auf einem Pferd, Symbol für Sieg und Erfolg. Wenn du es gerade schwer hattest, freue dich auf bessere Zeiten. Jupiter schickt seine expansive Energie, damit du über Schwierigkeiten triumphierst. Im Rider-Waite-Smith-Deck ist der Mann umgeben von einer jubelnden Menge als Zeichen, dass er öffentliche Anerkennung erfährt. Wenn du dich in letzter Zeit nicht gewürdigt gefühlt hast, wirst du bald die Ehre und Anerkennung erhalten, die du verdienst.

Die Karte steht auch dafür, dass du schwer daran gearbeitet hast, Herausforderungen zu meistern und deine Ziele erreicht hast. Der Reiter ist zufrieden, das zeigt sich darin, dass er sich nicht scheut, anderen zu zeigen, was er geleistet hat – mach du dasselbe, es tut deinem Selbstwertgefühl gut. Nutze die Kraft und den Mut des herrschenden Tierkreiszeichens Löwe – du verdienst jedes Lob, das du erhältst.

Bedeutung umgedreht

Die umgedrehte Sechs der Stäbe bedeutet Versagen oder einen Mangel an Erfolg und kann für negative Gefühle und Emotionen für dich selbst stehen. Du hast zwar hart gearbeitet in letzter Zeit, dennoch fühlst du trotz deiner Leistungen, dass du nicht genug Anerkennung erhältst. Die Karte ist die Aufforderung, dich zu befragen, ob diese Gefühle ihren Ursprung nicht in Stolz oder Arroganz haben. Die Karte kann auch bedeuten, dass dein Selbstvertrauen einen Knacks hat und du daher deine Fähigkeiten anzweifelst, sogar so stark, dass es dich hindert, dein Potenzial auszuschöpfen.

DIE SIEBEN der Stäbe

HERRSCHENDER PLANET Mars **TIERKREISZEICHEN** Löwe **ELEMENT** Feuer **JA ODER NEIN** Vielleicht **SCHLÜSSELWÖRTER AUFRECHT** Herausforderung, Konkurrenz, durchhalten, Schutz, Kontrolle behalten, Selbstverteidigung **SCHLÜSSELWÖRTER UMGEDREHT** Mangel an Selbstvertrauen, Erschöpfung, Aufgabe, Überforderung

Bedeutung aufrecht

Im Rider-Waite-Smith-Deck zeigt die Sieben der Stäbe einen Mann an einer Felsenklippe. Er kämpft gegen sechs Stäbe, die ihn von unten angreifen. Er verteidigt sein Territorium, das heißt, dass du dich selbst verteidigen und schützen musst. Wir alle treffen auf Herausforderungen. Dies ist ein Zeichen, dass du Schwierigkeiten hast, während andere darum konkurrieren, deinen Platz einzunehmen. Du hast dich sehr angestrengt, um dorthin zu kommen, das kannst du nicht kampflos aufgeben. Es mag schwierig sein, aber du musst deine Position beschützen – halte durch und setze die Willenskraft und den Tatendrang des Planeten Mars ein, um das erfolgreich zu meistern.

Sei bereit, deine Ansichten und Überzeugungen zu verteidigen, besonders, wenn sie nicht beliebt sind. Auf der Karte im Rider-Waite-Smith-Deck trägt der Mann merkwürdige Schuhe. Sie stehen dafür, dass du dir über deine Meinung und Überzeugungen im Unklaren bist. Oder dass unerwartet Herausforderungen aufgetaucht sind und dich überrumpelt haben. Nimm dir Zeit, um darüber nachzudenken, an was genau du glaubst.

Bedeutung umgedreht

Die umgedrehte Sieben der Stäbe steht dafür, besiegt zu werden, für das Aufgeben oder Zurückweichen. Sie kann bedeuten, dass du herausgefordert wirst und es schwierig findest, für dich und deine Meinung einzutreten. Wenig Selbstvertrauen und Glaube an dich selbst macht es dir schwerer, deine Position zu verteidigen, bis du denkst, dass du dich nicht mehr äußern darfst. Vielleicht fühlst du dich gedrängt, deinen Ansichten oder deiner Moral entgegenzuhandeln. Oder du bist überfordert und erschöpft durch die Aufgaben, die dir bevorstehen.

Die Acht der Stäbe

HERRSCHENDER PLANET Merkur **TIERKREISZEICHEN** Schütze **ELEMENT** Feuer **JA ODER NEIN** Ja **SCHLÜSSELWÖRTER AUFRECHT** Bewegung, schnelles Tempo, Ausrichtung, schnelle Handlung, schnelle Entscheidungen, plötzliche Veränderungen **SCHLÜSSELWÖRTER UMGEDREHT** Verzögerungen, Frustration, Veränderungen ablehnen, warten, langsamer werden, Schwung verlieren

Bedeutung aufrecht

Die Karte zeigt acht der Stäbe, die durch die Luft zu rasen scheinen, sie stehen für Bewegung, schnelles Handeln und rasch getroffene Entscheidungen. Die dynamische Karte ist ein Zeichen, dass du bald einen Schubs in die richtige Richtung erhalten wirst, der dir hilft, deine Ziele zu erreichen. Es ist notwendig, dass du dich nicht gegen den Energiefluss stemmst, lerne, mit ihm zu gehen. Das kann dir extra Schwung verleihen.

Die Acht der Stäbe ist eine Erinnerung, dass du einen klaren Plan brauchst, um deine Pläne zu erreichen. Versuche, dich auf mehrere Dinge zu fokussieren, lenke deine Aufmerksamkeit ab, mach also das Beste aus dem Schwung und such dir ein Ziel aus, auf dass du hinarbeiten möchtest, und dann leg alle Energie und Arbeit hinein. Stehst du kurz davor, deine Ziele zu erreichen, wirst du bald die Belohnung für deine harte Arbeit ernten. Die Dinge werden sich beschleunigen, erwarte also geschäftige Zeiten.

Bedeutung umgedreht

Umgedreht bedeutet die Acht der Stäbe Verzögerungen und kein Handeln. Sie steht dafür, dass du nur langsam vorankommst, weil du dich nicht auf deine Ziele konzentrieren kannst. Arbeite weiter hart und gibt nicht auf. Es kann schwierig werden, wenn die Dinge sich nicht so entwickeln, wie du gehofft hast, dann können Frustration und Ungeduld entstehen, die dich impulsiv handeln lassen. Überstürze nichts, bis das Leben wieder vorhersehbarer ist und triff keine Entscheidungen, ohne sie vorher gründlich durchdacht zu haben.

DIE NEUN *der Stäbe*

HERRSCHENDER PLANET Mond **TIERKREISZEICHEN** Schütze **ELEMENT** Feuer **JA ODER NEIN** Vielleicht **SCHLÜSSELWÖRTER AUFRECHT** Widerstandskraft Mut, Durchhaltevermögen, letztes Gefecht, Grenzen, Ausdauer **SCHLÜSSELWÖRTER UMGEDREHT** Ermüdung, defensiv, Kampf, Überforderung, dickköpfig, aufgeben

Bedeutung aufrecht

Im Rider-Waite-Smith-Deck zeigt die Neun der Stäbe einen erschöpften, verletzten Mann, der an einem Stab lehnt, acht weitere Stäbe stehen hinter ihm. Das kann bedeuten, dass du eine schwere Zeit hattest und die Energie des Mondes dich emotional und geistig zerschlagen zurücklässt. Der Mann wirkt kriegsmüde, aber er ist entschlossen, sich jeder Herausforderung zu stellen. Du musst tief graben, weil auf dich noch weitere Hürden warten und du nicht aufgeben darfst. Finde jetzt die Stärke und den Mut, um weiterzumachen.

Wenn diese Karte gelegt wird, sieh das als Prüfung deiner Widerstandskraft an und deiner Fähigkeit, angesichts von Schwierigkeiten durchzuhalten. Du bist so kurz davor, deine Ziele zu erreichen, treib dich selbst weiter voran. Die Karte steht für ein letztes Gefecht. Die Wand, die die acht Stäbe hinter dem Mann bilden, repräsentieren Grenzen. Wenn du erst einmal gesunde Grenzen errichtet hast, entscheidest du, ob du sie verstärken möchtest, um deine eigene Energie zu schützen.

Bedeutung umgedreht

Die umgedrehte Neun der Stäbe ist ein Zeichen, dass du nach all den Herausforderungen erschöpft bist, aber sie ermutigt dich auch, weiterzumachen – scheitere nicht an der letzten Hürde! Deine Verantwortung überfordert dich und du denkst, du siehst keinen Weg mehr, weiterzumachen. Als Folge ziehst du dich in die Defensive zurück, um dich selbst zu schützen. Du kommst nur langsam voran, denn du lehnst Kompromisse bei deinen Ideen und Plänen ab. Die Karte sagt dir, dass du zu dickköpfig bist und dadurch noch härter an die Sache herangehst.

Die Zehn der Stäbe

HERRSCHENDER PLANET Saturn **TIERKREISZEICHEN** Schütze **ELEMENT** Feuer **JA ODER NEIN** Ja **SCHLÜSSELWÖRTER AUFRECHT** Verantwortungsgefühl, Bürde, Stress, Kampf, Burn-out, delegieren **SCHLÜSSELWÖRTER UMGEDREHT** Nicht delegieren wollen, gestresst, zu viel Verantwortung tragen, Zusammenbruch

Bedeutung aufrecht

Die Zehn der Stäbe steht für ein Zuviel an Verantwortung. Symbolisiert wird das durch die zehn Stäbe, mit denen sich die Person auf der Karte abplagt. Du hast schwer gearbeitet und bist gestresst und erschöpft. Tritt einen Schritt zurück und lerne, zu delegieren. Der freigeistige Schütze erinnert dich daran, dass es im Leben mehr gibt als nur Arbeit. Du solltest eine gesündere Work-Life-Balance für dich finden.

Im Rider-Waite-Smith-Deck symbolisieren die Häuser im Hintergrund, dass du kurz davor bist, deine Ziele zu erreichen. Du musst nur noch ein wenig weitergehen, bis du deine Last abladen kannst. Die Karte sagt, dass du dir nicht genug Zeit zum Ausruhen und zur Selbstpflege einräumst. Unter Saturns Herrschaft übernimmst du vielleicht neue Verantwortung aus Pflichtgefühl heraus, weil du denkst, du hast keine andere Wahl, als dir noch mehr Stress aufzuladen.

Bedeutung umgedreht

Umgedreht bedeutet die Zehn der Stäbe, dass du an einem entscheidenden Punkt angelangt bist. Du hast zu viel Verantwortung übernommen, weil du mehr Aufgaben übernommen hast, als du realistisch erledigen kannst. Du delegierst nicht und willst alles selbst abarbeiten. Darum arbeitest du viel, aber das führt zu nichts. Du kannst nur schwer Hilfe annehmen, so dass du deine Bürden alleine trägst, was dich an den Rand eines Zusammenbruchs bringt. Die Karte erinnert dich daran, dass du mit deinen Aufgaben nicht alleine fertig wirst. Du musst dir Unterstützung suchen und lernen, nein zu sagen, wenn du weißt, dass du etwas nicht erledigen kannst.

Der Bube der Stäbe

HERRSCHENDER PLANET Venus und Sonne **TIERKREISZEICHEN** Löwe und Stier **ELEMENT** Feuer und Erde **JA ODER NEIN** Ja **SCHLÜSSELWÖRTER AUFRECHT** Erforschung, Inspiration, Ideen, freier Geist, Aufregung, Entdeckung, extrovertiert, Energie **SCHLÜSSELWÖRTER UMGEDREHT** Prokrastination, keine Richtung oder Ideen, selbstbegrenzende Überzeugungen, Faulheit, Ungeduld

Bedeutung aufrecht

Der Bube der Stäbe zeigt einen Mann, der einen Stab hält und sich die grünen Blätter am oberen Ende neugierig ansieht, er symbolisiert das Wachsen neuer Ideen und Kreativität und dank der Energie der Sonne im Löwen auch Inspiration. Die Salamander, mythische Wesen, werden mit Feuer und Verwandlung assoziiert. Auch die Blätter zeigen unbegrenztes Potenzial, verbunden mit der Aufforderung, das Beste aus den vorhandenen Möglichkeiten zu machen. Die Karte symbolisiert Neuanfänge und den Beginn einer Reise voller Erforschungen und Entdeckungen. Jetzt ist es günstig, kreative Projekte zu beginnen und Zukunftspläne zu schmieden.

Buben sind Überbringer von Botschaften, diese Karte ist ein Zeichen, dass bald gute Nachrichten bei dir eintreffen. Die Karte kann auch bedeuten, dass du impulsiv handelst, derart, dass du dich häufig in etwas Neues stürzt, ohne dass du alle Informationen kennst, die du für eine begründete Entscheidung brauchst.

Die Karte steht auch für den Beginn einer spirituellen Reise, auf der dein neugieriger Geist neue Praktiken und Ansichten lernt und erforscht.

Bedeutung umgedreht

Der Bube der Stäbe umgedreht deutet auf wenig Inspiration und Ideen hin. Er steht dafür, dass die neuen Dinge, mit denen du beginnen möchtest, es nicht über die Planung hinausschaffen werden. Deine Motivation ist weg und du prokrastinierst, weil du auf Aufgaben gestoßen bist, bei denen du noch nicht weißt, wie du mit ihnen umgehen sollst. Dadurch können Frustration und Ungeduld entstehen. Lass dich von selbstbegrenzenden Ansichten nicht davon abhalten, dein Potenzial auszuschöpfen. Deine Ängste und Sorgen lähmen dich und halten dich davon zurück, deine Ziele zu erreichen. Die Karte steht außerdem für Faulheit und Unzuverlässigkeit.

DER RITTER
der Stäbe

HERRSCHENDER PLANET Sonne und Mars **TIERKREISZEICHEN** Widder und Löwe **ELEMENT** Feuer **JA ODER NEIN** Ja **SCHLÜSSELWÖRTER AUFRECHT** Leidenschaft, inspiriertes Handeln, Furchtlosigkeit, Mut, Temperament, energiegeladen **SCHLÜSSELWÖRTER UMGEDREHT** Unfokussierte Energie, Rücksichtslosigkeit, Arroganz, Ungeduld, keine Selbstkontrolle, Verzögerungen

Bedeutung aufrecht

Die Karte zeigt einen Ritter in Rüstung, sein Gewand ist mit Salamandern verziert, einem Reptil, das mit dem Element Feuer assoziiert wird. Kanalisiere die Energie und Leidenschaft von Feuer, damit du deine Ziele erreichst. Steckt ein Projekt fest, ist es jetzt Zeit, zu handeln, damit es sich wieder in Bewegung setzt. Der Ritter trägt einen sprießenden Stab, der Leidenschaft, Inspiration, Wachstum und neue Hoffnung symbolisiert.

Der Ritter der Stäbe ist selbstsicher, das zeigt sein Gesichtsausdruck und seine Entschlossenheit. Beherrscht von Mars (im Widder), ist er ein Zeichen, tief zu graben und sich mit der inneren Energie zu verbinden, um die Willenskraft zu stärken. Dass die Sonne (im Löwen) herrscht, bedeutet Inspiration, füttere jetzt deine Leidenschaften. Sei mutig, beherzt und bereit, dich ins Unbekannte zu stürzen. Die Karte sagt dir zudem, dass du nur anfangen sollst, was du auch zu Ende bringen kannst.

Bedeutung umgedreht

Der umgedrehte Ritter der Stäbe repräsentiert einen Mangel an Willensstärke, Energie und Enthusiasmus. Er weist darauf hin, dass deine Energie nicht fokussiert oder ausgerichtet ist und du und deine Pläne so nicht vorankommen. Überprüfe, was du erreichen möchtest, damit du deine Energie auf nur eine Sache zurzeit fokussierst.

DIE KÖNIGIN der Stäbe

HERRSCHENDER PLANET Mond und Jupiter **TIERKREISZEICHEN** Schütze und Krebs **ELEMENT** Feuer und Wasser **JA ODER NEIN** Ja **SCHLÜSSELWÖRTER AUFRECHT** Mut, Selbstvertrauen, Entschlossenheit, Leidenschaft, Optimismus, sozial **SCHLÜSSELWÖRTER UMGEDREHT** Introvertiert, unsicher, mangelndes Selbstvertrauen, eifersüchtig, fordernd, Stimmungsschwankungen

Bedeutung aufrecht

Die Königin der Stäbe sitzt auf einem Thron, den Löwen zieren, Symbole für Kraft und das Element Feuer. Sie steht für Mut und sagt dir, dass du deinen eigenen Mut und deinen unabhängigen Geist einsetzen sollst, damit du vorwärtskommst. Die Karte repräsentiert mit Jupiter inspiriertes Führen, symbolisiert durch den Stab, den die Königin hält. Die grünen Triebe am oberen Ende des Stabs stehen für Wachstum und Fruchtbarkeit. In der anderen Hand hält die Königin eine Sonnenblume, sie steht für Glück, Kreativität und Freude. Eine schwarze Katze sitzt zu ihren Füßen als Zeichen, dass die Königin mit ihrem Schattenselbst in Kontakt steht.

Die Karte fordert dich auf, entschlossen und leidenschaftlich zu sein, damit du deine Wünsche umsetzt. Zielstrebig zu sein hilft dir, gute Fortschritte zu machen. Die Königin der Stäbe repräsentiert zudem Optimismus und Selbstvertrauen und erinnert dich daran, auch angesichts von Schwierigkeiten positiv zu bleiben. Scheu dich nicht, frech zu handeln. Eine zuversichtliche Einstellung wird dich weit bringen. Die Karte erscheint außerdem, wenn du dich gesellig fühlst und sagt dir, dass es sich lohnt, Zeit mit anderen zu verbringen.

Bedeutung umgedreht

Die umgedrehte Königin der Stäbe ist das Zeichen, dass du überfordert und pessimistisch bist, das kann zu Introvertiertheit führen und dass du Gesellschaft aus dem Weg gehst. Du hast dir mehr aufgehalst, als du schaffen kannst, und jetzt bist du erschöpft. Lass dir Zeit, einfach „zu sein“, damit du dich eine Weile von der Welt zurückziehen kannst. Die Karte repräsentiert mangelndes Selbstvertrauen und zeigt, dass du dich unsicher fühlst, das macht dich fordernd und launisch. Sie kann auch dafür stehen, dass Eifersucht in dir kocht und deine Handlungen bestimmt.

DER KÖNIG *der Stäbe*

HERRSCHENDER PLANET Sonne und Saturn **TIERKREISZEICHEN** Widder und Wassermann **ELEMENT** Feuer und Luft **JA ODER NEIN** Ja **SCHLÜSSELWÖRTER AUFRECHT** Geborener Führer, Herausforderungen annehmen, Visionen, Optimismus, die Kontrolle übernehmen **SCHLÜSSELWÖRTER UMGEDREHT** Erdrückend, schlechte Führung, kraftlos, uneffektiv, herrschsüchtig

Bedeutung aufrecht

Der König der Stäbe sitzt autoritär auf einem Thron – ein geborener Anführer. Er hält einen Stab, der Blätter treibt und der für Kreativität und Inspiration steht. Die Löwen auf der Karte symbolisieren Kraft und das Element Feuer sowie Enthusiasmus und Optimismus. Die Salamander am Thron stehen für die Entschlossenheit, mit der Hindernisse überwunden werden und damit für deine Motivation und Fähigkeit, andere zu motivieren. Durch die Herrschaft von Sonne und Saturn ist dein Geist innovativ, das macht dich zu einem guten Führer. Du baust ein starkes Fundament, auf dem dauerhafter Erfolg entstehen kann.

Du hast eine klare Vision davon, was du erreichen möchtest und weißt genau, wie du planen musst, damit diese Dinge real werden. Die Karte ist das Zeichen, dass du die Fähigkeit besitzt, das große Ganze in deiner augenblicklichen Situation zu erkennen. Dadurch erkennst du mögliche Herausforderungen und kannst so handeln, dass sie überwunden werden. Erinnere dich daran, wie kompetent du bist und hab Vertrauen in dich und deine Fähigkeiten.

Bedeutung umgedreht

Der umgedrehte König der Stäbe steht für einen Mangel an Enthusiasmus und für schlechte Führungsqualität. Du kommst deinen Zielen nicht näher, weil du nicht proaktiv handelst. Die Karte erscheint, wenn du oder jemand in deinem Leben erdrückend, zwingend und herrschsüchtig ist. Es kann sein, dass du dich machtlos fühlst und keine Kontrolle über dein Leben hast oder über die Richtung, die es nimmt. Die Karte symbolisiert außerdem, dass du deinen Zielen rücksichtslos, arrogant und sogar aggressiv hinterherjagst. Erreiche deine Ziele nicht auf Kosten anderer.

DIE MÜNZEN

DAS ASS der Münzen

HERRSCHENDER PLANET Saturn **TIERKREISZEICHEN** Stier, Jungfrau und Steinbock **ELEMENT** Erde **JA ODER NEIN** Ja **SCHLÜSSELWÖRTER AUFRECHT** Fülle, Wohlstand, Manifestation, finanzielle Möglichkeiten **SCHLÜSSELWÖRTER UMGEDREHT** Vergebene Gelegenheit, keine Planung, keine Voraussicht, schlechte Investition, verpasste Chance

Bedeutung aufrecht

Das Ass der Münzen steht für Neuanfänge in den Bereichen Wohlstand, Gesundheit und Beruf. Die Karte zeigt eine Hand in den Wolken, die eine goldene Münze hält, Symbol für Glück und finanzielle Möglichkeiten. Es erinnert dich daran, das meiste aus den Chancen zu machen, die sich auftun, symbolisiert durch die schönen Lilien, die Blätter und das sattgrüne Gras, allesamt Zeichen der Fülle um dich herum.

Dies ist eine positive, optimistische Karte, ein Zeichen, dass du deine Pläne weiterverfolgen sollst. Der Einfluss der Erdzeichen Stier, Steinbock und Jungfrau zeigt, dass du geerdet und stabil bist. Bei der Karte geht es auch um Potenzial und Motivation, sie steht dafür, dass du deine Ziele manifestieren und deine Träume wahrwerden lassen kannst. Bedenke, dass die Karte keine Garantie für Erfolg ist – der kommt allein durch harte Arbeit.

Bedeutung umgedreht

Umgedreht repräsentiert das Ass der Münzen mangelnde Planung oder wenig finanzielle Voraussicht. Das kann bedeuten, dass du ein zu hohes finanzielles Risiko eingehst oder zu freigiebig bist. Das Ass kann auch für ungünstige Investitionen stehen, ist also eine Mahnung, finanzielle Entscheidungen nicht zu überstürzen und erst alle notwendigen Informationen zusammenzutragen. Vielleicht solltest du jemanden um Rat fragen, der sich beruflich damit beschäftigt. Liegt die Karte mit der Vorderseite nach unten, kann sie für Mangel, Instabilität und Unsicherheit stehen. Aber auch dafür, dass du nicht alle Energie darein gibst, deine Ziele zu erreichen und die Chancen vertust, sie zu manifestieren.

Die Zwei der Münzen

HERRSCHENDER PLANET Jupiter **TIERKREISZEICHEN** Steinbock **ELEMENT** Erde **JA ODER NEIN** Ja **SCHLÜSSELWÖRTER AUFRECHT** Viele Prioritäten, ausgleichende Entscheidungen, Anpassungsfähigkeit, Zeitmanagement **SCHLÜSSELWÖRTER UMGEDREHT** Mangel an Ausgeglichenheit, Fehlorganisation, neu priorisieren, Überforderung, Stress

Bedeutung aufrecht

Im Rider-Waite-Smith-Deck zeigt die Karte einen jungen Mann, der mit zwei Münzen jongliert. Sie steht für Balance und ist ein Zeichen, dass du mit zu viel Verantwortung jonglierst. Du solltest deine Pflichten überdenken und neu priorisieren, damit du dich darauf konzentrieren kannst, was wichtig ist. Eine Pause kann sehr hilfreich sein, speziell, wenn du findest, dass ein Tag nicht genug Stunden hat, um alles zu erledigen.

Die Karte erinnert dich daran, dass du gut im Multitasking bist und alles erledigst, dafür steht das Unendlichkeitszeichen um die zwei Münzen herum. Du schaffst es, deine Zeit und Ressourcen auszubalancieren, um eine funktionierende Lösung zu finden. Die Herrschaft von Jupiter steht für Glück und ist ein weiteres Zeichen, dass du organisiert bist und mit Leichtigkeit deine Verantwortlichkeiten priorisieren kannst. Das Wasser, das über die Karte verläuft, symbolisiert die Hochs und Tiefs, auf die wir täglich stoßen. Aber wie die Boote auf einem Fluss kannst du auf den Wellen reiten, wenn du deine Energie darauf fokussierst, was wichtig ist.

Bedeutung umgedreht

Die umgedrehte Zwei der Münzen zeigt an, dass du dich von deinen Pflichten überfordert fühlst, du gerätst aus deinem persönlichen Gleichgewicht. Du bist gestresst, weil du dir zu viel aufgebürdet hast, nun ist es dir unmöglich, alles zu schaffen, was du dir vorgenommen hast. Es wird dir helfen, deine Aufgaben neu zu organisieren und zu priorisieren, damit du herausfindest, wofür du Zeit verwenden möchtest und wofür nicht. Die Karte erscheint häufig, wenn sich jemand verausgabt.

Die Drei der Münzen

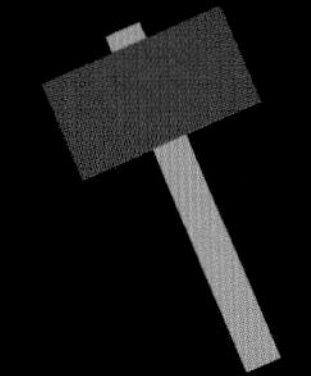

HERRSCHENDER PLANET Mars **TIERKREISZEICHEN** Steinbock **ELEMENT** Erde **JA ODER NEIN** Ja **SCHLÜSSELWÖRTER AUFRECHT** Teamarbeit, Bewältigung, Zusammenarbeit, Umsetzung, lernen **SCHLÜSSELWÖRTER UMGEDREHT** Alleine arbeiten, Disharmonie, keine Teamarbeit, Fehlorganisation

Bedeutung aufrecht

Die Drei der Münzen ist die Karte der Teamarbeit. Im Rider-Waite-Smith-Deck zeigt sie einen Steinmetz, der an einer Kathedrale arbeitet und von zwei Architekten beobachtet wird. Legst du die Karte, solltest du mit anderen an einem Projekt oder einem Job zusammenarbeiten. Sie können neue Perspektiven beitragen, die du bisher nicht beachtet hast. Es ist die Erinnerung, dass durch Zusammenarbeit Größeres erreicht wird als durch einen alleine.

Die Karte steht zudem fürs Lernen und Studieren. Denk daran, dass du von der Weisheit derer, mit denen du arbeitest, lernen kannst, denn jeder bringt seine eigenen Fähigkeiten mit. Die Herrschaft von Mars (im Steinbock) bringt neue Energie und Schwung für dein laufendes Projekt. Die Karte kann auch bedeuten, dass du im frühen Stadium des Umsetzens deiner Pläne bist, mit denen du dein Ziel erreichen möchtest. Betrachte die Karte als Ermutigung, dass dein Projekt zwar weit entfernt davon ist, abgeschlossen zu sein, du aber ein solides Fundament dafür gelegt hast.

Bedeutung umgedreht

Die Drei der Münzen repräsentiert umgedreht fehlende Team- oder Zusammenarbeit. Sie steht dafür, dass du einen Job oder ein Projekt lieber allein zum Abschluss bringst. Die Karte kann auch bedeuten, dass es in der Gruppe, in der du arbeitest, wenig Harmonie gibt, so dass es wenig Fortschritte gibt. Du fühlst dich unmotiviert, das bremst deinen Fortschritt, da du nicht genug Energie in deine Arbeit steckst, die nötig ist, um ein Projekt abzuschließen oder deine Ziele zu erreichen. Um Erfolg zu haben, musst du dich organisieren.

Die Vier der Münzen

HERRSCHENDER PLANET Sonne **TIERKREISZEICHEN** Steinbock **ELEMENT** Erde **JA ODER NEIN** Nein **SCHLÜSSELWÖRTER AUFRECHT** Geld sparen, Sparsamkeit, Sicherheit, bewahren, Kontrolle **SCHLÜSSELWÖRTER UMGEDREHT** Verprassen, finanzielle Unsicherheit, Habgier, Großzügigkeit

Bedeutung aufrecht

Die Vier der Münzen repräsentiert dein Verhältnis zur materiellen Welt und bedeutet häufig, dass du zu sehr an Dingen wie Besitz und Geld hängst. Das zeigt sich in der habgierigen Art, auf die der Mann auf der Karte die goldene Münze auf seinem Schoß umfasst. Unter seinen Füßen sind noch zwei Münzen, auf dem Kopf jongliert eine weitere. Das steht für das Bedürfnis, alles im Leben zu kontrollieren, speziell Dinge wie Geld, weil du sehr fokussiert auf deine Finanzen bist.

Dass die Sonne im Steinbock herrscht, bedeutet, dass du sehr zielorientiert sein kannst, wenn es darum geht, Geld zu sparen. Sparen ist richtig und gut, aber die Karte deutet an, dass du so geizig bist, dass du dir Spaß entgehen lässt. Sie ist die Aufforderung, die Balance zwischen Sparen und Ausgeben zu finden. So, wie der Mann sitzt, zeigt sich seine Sehnsucht nach finanzieller Sicherheit und seine Angst davor, alles zu verlieren, was er hat. Vielleicht ist deine eigene Suche nach finanzieller Sicherheit aus deiner Angst vor Verlust entstanden.

Bedeutung umgedreht

Die umgedrehte Vier der Münzen ist ein Hinweis, dass du deine Beziehung zu Geld überdenken solltest. Du fühlst dich finanziell unsicher und als Folge bist du verschwenderisch. Die Karte steht dafür, dass du mehr ausgibst als du sparst und dient als Erinnerung, dass materielle Dinge nicht unbedingt glücklich machen. Die Karte kann bedeuten, dass du bereit bist, Dinge loszulassen, die dem höheren Sinn in deinem Leben nicht mehr dienlich sind. Die Karte enthüllt außerdem deine großzügige Natur. Pass auf, dass niemand Vorteile zieht aus deinem sanften Herzen.

Die Fünf der Münzen

HERRSCHENDER PLANET Merkur **TIERKREISZEICHEN** Stier **ELEMENT** Erde **JA ODER NEIN** Nein **SCHLÜSSELWÖRTER AUFRECHT** Unsicherheit, finanzieller Verlust, Armut, Isolation **SCHLÜSSELWÖRTER UMGEDREHT** Verbesserung, Erholung von finanzieller Notlage, Wohltätigkeit, spirituelle Armut

Bedeutung aufrecht

Die Fünf der Münzen repräsentiert Armut, Kampf und Not. Im Rider-Waite-Smith-Deck wird das durch die Kleidung der zwei Figuren auf der Karte symbolisiert. Sie tragen verschmutzte, zerrissene Kleidung und sind offensichtlich arm, denn sie laufen barfuß durch den Schnee. Die Karte steht dafür, dass dir das Leben in letzter Zeit schwergefallen ist, besonders in finanzieller Hinsicht, vermutlich hast du einen materiellen oder finanziellen Verlust erlitten, der dich mit den resultierenden Konsequenzen überfordert.

Die Fünf der Münzen steht dafür, dass du dich in deinem Leid isoliert, verlassen oder einsam fühlst. Die Menschen auf der Karte laufen an dem bunten Fenster einer Kirche vorbei. Es wird von innen beleuchtet als Zeichen für Hoffnung, aber sie sind so mit ihren Problemen beschäftigt, dass sie nicht daran denken, hineinzugehen und dort nach Hilfe zu suchen. Der Stier, das herrschende Zeichen der Karte, zeigt, dass du nach Sicherheit suchst, aber nicht in der Lage bist, Hilfe zu erkennen. Mach die Augen auf und scheu dich nicht, um Hilfe zu bitten.

Bedeutung umgedreht

Die umgedrehte Fünf der Münzen weist darauf hin, dass deine Situation sich nach einer schweren Zeit bald verbessert. Alle Nöte, mit denen du dich beschäftigt hast, enden, und du findest dein Vertrauen wieder nach dem materiellen Verlust, den du erlitten hast. Die Karte steht dafür, dass du beginnst, wieder positiver zu denken, allerdings kann es sein, dass du dich weiter spirituell unerfüllt fühlst, denn diesen Bereich hast du zugunsten materieller Dinge vernachlässigt.

Die Sechs der Münzen

HERRSCHENDER PLANET Mond **TIERKREISZEICHEN** Stier **ELEMENT** Erde **JA ODER NEIN** Ja **SCHLÜSSELWÖRTER AUFRECHT** Großzügigkeit, Wohltätigkeit, Besitz teilen **SCHLÜSSELWÖRTER UMGEDREHT** Offene Schulden, Geiz, Macht und Dominanz, einseitige Wohltätigkeit

Bedeutung aufrecht

Im Rider-Waite-Smith-Deck zeigt die Karte einen wohlhabenden Mann, der zwei knienden Bettlern Goldmünzen gibt, er ist großzügig und teilt seine Mittel. Das steht dafür, dass du mehr als Geld gibst, nämlich deine Zeit und Energie, um anderen zu helfen. Das bedeutet, dass du eine ausgeglichene Beziehung zu Geld hast, du weißt, wie du anderen, die in Not sind, finanziell helfen kannst, ohne mehr als dein Einkommen zu spenden. Die Karte steht auch für deine freundliche und großzügige Natur, die leicht ausgenutzt werden kann, daher ist es wichtig, gesunde Grenzen zu ziehen.

Wenn du durch schwere Zeiten gegangen bist, ist diese Karte ein Zeichen, dass es Menschen gibt, die dir helfen möchten, du brauchst sie nur zu fragen. Öffne dich der Hilfe voll Dankbarkeit und fühle die benötigte Erleichterung, die damit einhergeht. Die Karte erscheint, wenn jemand in seinem Leben sich dir gegenüber großzügig zeigt. Vielleicht teilt jemand seine Weisheit und sein Geld mit dir oder gibt dir Geschenke oder Geld.

Bedeutung umgedreht

Umgedreht symbolisiert die Sechs der Münzen mangelnde Großzügigkeit und die Unlust, zu teilen. Sie kann auch für einseitige Wohltätigkeit stehen – der Geber gibt nur, der Empfänger empfängt nur. Die Karte kann auch offene Rechnungen bedeuten. Wenn du schuldenfrei bist, kann sie dich davor warnen, Schulden anzuhäufen, die dir in der Zukunft Probleme bereiten können. Die umgedrehte Sechs der Münzen kann ein Hinweis auf ein Geschenk mit Bedingungen sein und bedeuten, dass der Gebende nicht nur Großzügigkeit im Sinn hat.

DIE SIEBEN der Münzen

HERRSCHENDER PLANET Saturn **TIERKREISZEICHEN** Stier **ELEMENT** Erde **JA ODER NEIN** Vielleicht **SCHLÜSSELWÖRTER AUFRECHT** Durchhalten, Investition, harte Arbeit, Fleiß, langfristige Vision **SCHLÜSSELWÖRTER UMGEDREHT** Arbeit ohne Ergebnisse, keine langfristige Vision, Ablenkungen, begrenzter Erfolg

Bedeutung aufrecht

Die Sieben der Münzen repräsentiert Mühe und Ergebnisse. Im Rider-Waite-Smith-Deck zeigt die Karte einen Mann, der sich auf eine Hacke stützt und seine Arbeit bewundert. Die Herrschaft von Saturn im Stier erinnert dich daran, dass harte Arbeit zu Erfolg führt. Wird die Karte gelegt, ist sie ein Zeichen dafür, dass deine Mühen belohnt werden. Es ist Zeit, beständig zu bleiben, damit die Ziele manifestieren, schau jetzt deine langfristigen Pläne an und wie du durch sie an deine Ziele gelangen möchtest. Du siehst das große Ganze und verlierst dich nicht im Detail.

Der Mann auf der Karte sieht erschöpft aus. Die viele Arbeit, die er in seine Ernte gesteckt hat, hat ihn ermüdet. Zwar ist Erfolg das Ergebnis von Arbeit und Mühe, aber die Karte erinnert dich daran, auf dich achtzugeben, damit du dich für deine Ziele nicht übernimmst.

Bedeutung umgedreht

Umgedreht steht die Sieben der Münzen dafür, dass du zwar hart arbeitest, aber zu keinen Ergebnissen kommst. Bewerte neu, wie du deine Zeit investiert, damit du dich auf die Dinge konzentrieren kannst, die dir eine Belohnung einbringen. Du besitzt keine Langzeitvision davon, was du erreichen möchtest, daher bleibt der Erfolg mäßig. Die Karte kann auch bedeuten, dass du ungeduldig wirst, weil du nicht sofort Ergebnisse siehst und daher deine Ziele und Träume zu früh aufgibst. Sie erinnert dich daran, dass du weiter hart arbeiten sollst für die Dinge, die du erreichen willst, denn deine Mühen werden belohnt werden.

Die Acht der Münzen

HERRSCHENDER PLANET Sonne **TIERKREISZEICHEN** Jungfrau **ELEMENT** Erde **JA ODER NEIN** Ja **SCHLÜSSELWÖRTER AUFRECHT** Meisterschaft, Handwerkskunst, Entwicklung von Fertigkeiten, Fleiß, hoher Standard, Leidenschaft **SCHLÜSSELWÖRTER UMGEDREHT** Uninspiriert, Perfektionismus, fehlgeleitete Aktivität, keine Motivation

Bedeutung aufrecht

Die Karte zeigt eine Person, die in die letzte der acht Münzen ein Pentagramm graviert als Zeichen von Handwerkskunst und Meisterschaft. Sie sind fast fertig, das heißt, dass du kurz vor dem Abschluss stehst bei einer Sache, an der du gearbeitet hast. Bleib fokussiert und fleißig. Die Herrschaft der Sonne in der Jungfrau zeigt, wie wichtig Fokus, Ausdauer und Leidenschaft sind, damit du deine Ziele erreichen kannst. Du musst bereit sein, dich ganz einzubringen und aufmerksam die feineren Details zu beachten, damit sich Erfolg einstellt.

Die Karte sagt, dass es Zeit ist, neue Fertigkeiten zu erwerben – durch Ausbildung, Studium oder viele Wiederholungen, bis du Erfolg hast. Das geschieht nicht über Nacht, aber mit Hingabe kannst du Neues lernen und das Vorhandene verbessern, damit du deinen Zielen näherkommst. Manchmal denkst du, dass du keine Fortschritte machst, aber halte durch und mach mit dem weiter, was du tust. Die Karte repräsentiert hohe Standards und erinnert dich daran, bei allem, was du machst, nach dem Besten zu streben.

Bedeutung umgedreht

Die umgedrehte Acht der Münzen steht für fehlende Motivation, Achtlosigkeit und Faulheit. Versuch nicht, eine Aufgabe schnell zu beenden, wenn sie dich frustriert. Sieh dir stattdessen deine Ziele an und wie du sie am besten erreichst, fokussiere dich dabei auf die Dinge, die dich wieder in die Spur bringen. Die Karte steht dafür, dass du dich nur auf wenige Dinge im Leben fokussierst und so andere vernachlässigst. Sie bedeutet auch, dass du ein Perfektionist bist, der sich so weit im Detail verlieren kann, bis er das ganze Bild nicht mehr erkennt.

Die Neun der Münzen

Herrschender Planet Venus **Tierkreiszeichen** Jungfrau **Element** Erde **Ja oder Nein** Ja **Schlüsselwörter aufrecht** Fülle, Luxus, Früchte der Arbeit, Belohnung für Fleiß, finanzielle Unabhängigkeit **Schlüsselwörter umgedreht** Besessenheit mit der Arbeit, über die eigenen Verhältnisse leben, hetzen, Rückschlag

Bedeutung aufrecht

Im Rider-Waite-Smith-Deck sieht man auf der Neun der Münzen eine kostbar gekleidete Frau in einem Garten voller Weinranken und goldenen Münzen, Zeichen für Fülle und Wohlstand in allen Bereichen deines Lebens, einschließlich, dank der Herrschaft von Venus in der Jungfrau, deiner Beziehungen. Du bist an dem Punkt angelangt, an dem sich deine harte Arbeit bezahlt macht und dir zu finanzieller Stabilität und Unabhängigkeit verhilft. Du bist einen langen Weg gegangen, genieße nun die Früchte deiner Arbeit und belohne dich selbst für einen guten Job.

Wenn du kürzlich wegen Geld oder Beziehungen zu kämpfen hattest, verspricht dir die Karte, dass du besseren Zeiten entgegenblickst. Im Hintergrund der Karte aus dem Rider-Waite-Smith-Deck steht ein großes Haus, das der Frau gehört und den Wohlstand symbolisiert, für den die Karte steht. Sie erinnert dich daran, dass Reichtum sich nicht allein auf das Geld bezieht, das du besitzt, sondern auch auf deine Anschauung. Versuch, die guten Dinge im Leben wertzuschätzen, so wird deine Einstellung immer reicher.

Bedeutung umgedreht

Die umgedrehte Neun der Münzen repräsentiert fehlende finanzielle Unabhängigkeit und Stabilität. Vielleicht versuchst du, über deine Verhältnisse zu leben, und gibst rücksichtslos Geld aus, um finanziell gefestigt zu wirken, auch wenn das nur oberflächlich ist. Sie mahnt, dass Wohlstand und materieller Besitz dir kein echtes Glück bescheren. Die Karte erscheint, wenn du einen Bereich deines Lebens zu stark bearbeitest und andere Stellen dafür vernachlässigst. Sie kann auch bedeuten, dass du von deiner Arbeit besessen bist und dir die Zeit nicht gönnst, all das zu genießen, was du geschaffen hast.

DIE ZEHN
der Münzen

HERRSCHENDER PLANET Merkur **TIERKREISZEICHEN** Jungfrau **ELEMENT** Erde **JA ODER NEIN** Ja **SCHLÜSSELWÖRTER AUFRECHT** Wohlstand, finanzielle Sicherheit, Vermächtnis, Erbschaft, langfristiger Erfolg, Familie **SCHLÜSSELWÖRTER UMGEDREHT** Finanzieller Verlust oder Fehler, fehlende Stabilität, keine Ressourcen

Bedeutung aufrecht

Die Zehn der Münzen des Rider-Waite-Smith-Decks zeigt eine Großvaterfigur mit seinen zwei treuen weißen Hunden. Er beobachtet seine Familie von einem reich dekorierten Raum aus, Symbol für finanzielle Stabilität. Im Laufe seines Lebens hat er großen Wohlstand angesammelt, den er jetzt mit seinen Lieben teilen kann. Der herrschende Planet Merkur (in der Jungfrau) ist der Hinweis, dass der Mann seinen Intellekt und seinen Verstand eingesetzt hat und fordert dich auf, dasselbe zu tun. Es wird dir die Art Fülle und Wohlstand bescheren, die du an nachfolgende Generationen weiterreichen kannst.

Wenn diese Karte erscheint, steht sie für langfristige finanzielle Stabilität, die von jemandem in der Familie herrührt. Das kann eine Erbschaft sein oder Vermächtnisse. Es ist Zeit, an deine finanzielle Zukunft zu denken, damit du dauerhaften finanziellen Erfolg hast. Es ist ein Zeichen dafür, dass du Glück und Sicherheit in allen anderen Bereichen deines Lebens genießt und repräsentiert häusliche Harmonie und ein Zurückkehren zu den Wurzeln, was dich bestimmten Familienmitgliedern sehr nahe bringt.

Bedeutung umgedreht

Die umgedrehte Zehn der Münzen steht für finanzielle Unsicherheit, Instabilität und Verlust. Sie sagt, dass du zu sehr auf kurzfristigen Erfolg fokussiert bist und keine finanziell abgesicherte Zukunft schaffst. Erscheint die Karte, kann sie familiäre Unruhe symbolisieren oder Konflikte wegen Geld und Erbe. Vielleicht fühlst du dich deiner Familie nicht nahe oder meinst, du bist verpflichtet, an einer Familienveranstaltung teilzunehmen, zu der du nicht gehen möchtest. Die Karte kann auch bedeuten, dass du deine Familie vernachlässigt hast, ergreif die Gelegenheit, wieder Bande zu knüpfen.

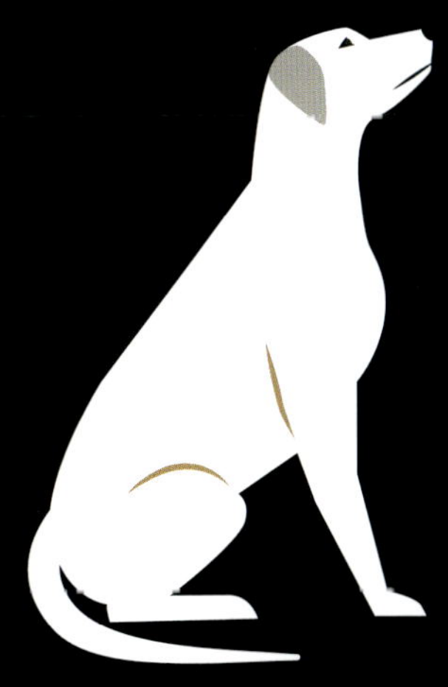

Der Bube der Münzen

HERRSCHENDER PLANET Merkur und Venus **TIERKREISZEICHEN** Jungfrau und Stier **ELEMENT** Erde **JA ODER NEIN** Ja **SCHLÜSSELWÖRTER AUFRECHT** Ehrgeiz, Sehnsüchte, finanzielle Möglichkeiten, Entwicklung von Fähigkeiten, Manifestation **SCHLÜSSELWÖRTER UMGEDREHT** Gier, fehlende Hingabe, kein Fortschritt, aus Fehlern lernen

Bedeutung aufrecht

Der Bube der Münzen im Rider-Waite-Smith-Deck zeigt einen jungen Mann, der in einem Feld steht und eine Münze hält. Er symbolisiert finanzielle Neuanfänge. Im Hintergrund sind die gepflügten Felder Sinnbilder für Fülle und Überfluss. Der Bube steht auf festem Grund, ist also in der Natur geerdet. Die Karte lädt dich ein, die doppelte Erdenergie von Venus im Stier und Merkur in der Jungfrau zu channeln, indem du erdende Techniken und Meditation übst, besonders, wenn du dir gerade vorkommst, als seist du aus der Balance geraten.

Die Karte steht für neue Gelegenheiten in der materiellen Welt. Das könnte ein neues Projekt oder ein neuer Job sein, der Beginn einer Ausbildung oder Erhalt von Geld. Tun sich diese Möglichkeiten auf, erinnert dich die Karte, sie zu ergreifen, damit du langfristig Erfolg aufbauen kannst. Sie zeigt, dass du den Ehrgeiz, Entschlossenheit und Motivation hast, die nötig sind, um dein Ziel zu erreichen, hab also Geduld.

Bedeutung umgedreht

Der umgedrehte Bube der Münzen repräsentiert ein Fehlen von Fortschritt und Fokus. Du kommst nicht voran, weil deine Entscheidungen schlecht sind und du passiv bist. Ohne klare Strategie für das Erreichen deiner Ziele wirst du nichts Solides leisten. Die Karte sagt dir, dass Prokrastination, Faulheit und mangelnde Hingabe Faktoren sind, die dem Fortschritt entgegenwirken. Die Karte fordert dich auf, aus begangenen Fehlern zu lernen, das treibt dich voran.

DER RITTER *der Münzen*

HERRSCHENDER PLANET Sonne und Saturn **TIERKREISZEICHEN** Steinbock und Löwe **ELEMENT** Erde und Feuer **JA ODER NEIN** Ja **SCHLÜSSELWÖRTER AUFRECHT** Harte Arbeit, Produktivität, Verantwortung, Routine, Effizienz, sich wiederholende Aufgaben **SCHLÜSSELWÖRTER UMGEDREHT** Besessenheit, feststecken, Arbeit ohne Belohnung, Selbstdisziplin

Bedeutung aufrecht

Der Ritter der Münzen steht für harte Arbeit, Verantwortung und Produktivität. Die Karte zeigt einen Ritter in seiner Rüstung. Er hält eine goldene Münze, während er auf einem stehenden Rappen sitzt. Das soll dich erinnern, dass du durch Ausdauer und Entschlossenheit deine Ziele erreichen kannst. Vielleicht hilft dir dabei auch ein Zeitplan, damit du deine Träume mit Methode wahrwerden lassen kannst.

Die Karte ist ein Hinweis, dass du einen konservativeren Ansatz verfolgen solltest. Sie kann auch für die irdischeren Dinge des Lebens stehen, wie das Erledigen sich wiederholender Aufgaben und Verpflichtungen. Du sollst Dinge nicht antreiben, denn die Karte betont die Bedeutung von Geduld bei Entscheidungen. Sei bereit, harte Arbeit zu leisten, um deine Ziele zu erreichen, auch wenn du die Aufgaben langweilig findest.

Bedeutung umgedreht

Umgedreht steht der Ritter der Münzen für mangelndes Verantwortungsgefühl und wenig Menschenverstand und dass Selbstdisziplin wichtig ist, um deine Träume zu manifestieren. Er kann bedeuten, dass du dich deinen Zielen nähern möchtest, aber nicht bereit bist, so viel harte Arbeit zu investieren. Da sich die Karte auf alltägliche und häufig langweilige Aspekte des Lebens bezieht, kann sie umgedreht bedeuten, dass du dich durch deine monotone Routine eingesperrt fühlst. Sie kann ebenso aussagen, dass du dich viel zu stark auf die Arbeit fokussierst, fast schon besessen, zum Nachteil anderer Bereiche deines Lebens. Es ist Zeit für dich, eine gesunde Work-Life-Balance aufzustellen (und beizubehalten).

Die Königin der Münzen

HERRSCHENDER PLANET Venus und Jupiter **TIERKREISZEICHEN** Stier und Fische **ELEMENT** Erde und Wasser **JA ODER NEIN** Ja **SCHLÜSSELWÖRTER AUFRECHT** Durchführbarkeit, fürsorglich, Sicherheit, finanziell versorgen, leibliches Wohl, arbeitender Elternteil **SCHLÜSSELWÖRTER UMGEDREHT** Ersticken, Sinnlosigkeit, Eifersucht, Selbstsucht

Bedeutung aufrecht

Die Königin der Münzen repräsentiert materielle Sicherheit, symbolisiert durch die Königin auf dem Thron, der feine Schnitzereien mit Bildern des Wohlstands und der Fülle aufweist, wie Obstbäume und Blumen. Die Verbindung zu materiellem Wohlstand und Erfolg zeigt sich weiterhin in der großen Umsicht, mit der die Königin die goldene Münze hält. Das steht für finanzielle Unabhängigkeit und einen finanziellen Versorger. Wenn diese Karte erscheint, sollst du die Details über deine Finanzen für dich behalten.

Die Königin der Münzen steht für Machbarkeit und dafür, Probleme mit Vernunft anzugehen und unseren gesunden Menschenverstand einzusetzen, um unsere Ziele zu erreichen. Das kann jemand sein, der sich kümmert und fürsorglich ist wie die archetypische Mutter. Aufgrund des herrschenden Planeten Venus (im Stier) ist die Karte ein Hinweis, dass du aufs leibliche Wohl bedacht und bodenständig bist, obwohl du auch die schönen Dinge im Leben genießt und vielleicht einen hohen sozialen Status besitzt.

Bedeutung umgedreht

Umgedreht steht die Königin der Münzen dafür, dass etwas außer Kontrolle geraten ist. Sie symbolisiert Sinnlosigkeit und kann so gedeutet werden, dass du in letzter Zeit mit dem Sinn und der Richtung deines Lebens gehadert hast. Dein unorganisierter und manchmal fauler Ansatz bedeutet, dass es für dich schwer ist, deine Ziele zu erreichen. Die Karte kann für jemanden stehen, der zu materialistisch, zu sehr mit sich beschäftigt und unpraktisch ist und der als Folge davon ein chaotisches Leben führt. Sie kann aber auch auf Manipulation, Eifersucht und Selbstsucht hinweisen.

Der König
der Münzen

Herrschender Planet Venus und Saturn **Tierkreiszeichen** Stier und Wassermann **Element** Erde und Luft **Ja oder Nein** Ja **Schlüsselwörter aufrecht** Fülle, Wohlstand, Versorger, Führerschaft, Reichtum, Disziplin, Sicherheit **Schlüsselwörter umgedreht** Gier, Exzess, besessen von Status und Reichtum, finanziell unfähig, schwelgen

Bedeutung aufrecht

Der König der Münzen repräsentiert harte Arbeit, materiellen Wohlstand und Erfolg. Im Rider-Waite-Smith-Deck sitzt der König auf einem großen Thron, der mit Stieren geschmückt ist zu Ehren eines der Tierkreiszeichen, die über diese Karte herrschen. Weinranken schlängeln sich um den Thron als Sinnbilder für Wohlstand, Fülle und Reichtum, aber auch für deine Selbstdisziplin, dein Geld so zu verwalten, dass du langfristig Erfolg damit hast. Die Füße des Königs stehen fest auf dem Boden, eine Erinnerung, geerdet zu bleiben, wenn es um deine Finanzen geht.

Der König der Münzen ist ein schwer arbeitender Beschützer und guter Versorger. Die Karte repräsentiert zwar die archetypische Vaterfigur, kann aber für jemanden egal welchen Geschlechts stehen, der verlässlich ist und sich hingebungsvoll dem Erreichen seiner Ziele widmet. Die Burg hinter dem König im Rider-Waite-Smith-Deck ist Symbol dafür, was diese Hingabe und Entschlossenheit in Hinsicht auf materielle Sicherheit bringen kann, wenn man fleißig bleibt.

Bedeutung umgedreht

Der umgedrehte König der Münzen symbolisiert Kontrollverlust. Die Karte deutet auf finanzielle Risiken, ungünstige Entscheidungen und schlechte Geldverwaltung hin. Er bittet dich, dein Verhältnis zu Geld zu überprüfen, denn er steht auch für Gier und Exzess. Vielleicht bist du inzwischen so fixiert auf Geld und sozialen Status, dass du beides vor die Menschen in deinem Leben stellst. Wenn die Karte erscheint, repräsentiert sie deinen Kampf darum, deine Ziele zu erreichen, denn du hast keinen klaren Plan oder warst in letzter Zeit etwas faul.

DIE SCHWERTER

DAS ASS
der Schwerter

HERRSCHENDER PLANET Venus **TIERKREISZEICHEN** Zwillinge, Waage und Wassermann **ELEMENT** Luft **JA ODER NEIN** Ja **SCHLÜSSELWÖRTER AUFRECHT** Durchbrüche, neue Ideen, geistige Klarheit, scharfer Verstand **SCHLÜSSELWÖRTER UMGEDREHT** Keine geistige Klarheit, Verwirrung, Überdenken einer Idee, getrübtes Urteilen, Aufgabe

Bedeutung aufrecht

Das Ass der Schwerter repräsentiert Neuanfänge und neue Ideen. Die Karte zeigt eine Hand, die aus einer Wolke ragt und ein aufrechtstehendes Schwert hält. Das symbolisiert Intellekt und Verstand und kann bedeuten, dass du einen intellektuellen Durchbruch bei deinen Ideen hast, eine neue Art zu denken und Dinge zu betrachten. Mit den Energien der Luftzeichen Zwillinge, Wassermann und Waage kannst du zudem eine plötzliche Erkenntnis haben, die dich an allen Widrigkeiten vorbei weiterbringt.

Wenn diese Karte erscheint, ist es Zeit, den Kopf zu heben und klar zu denken, damit du dich konzentrieren kannst. Das Laub um die Krone auf der Karte repräsentiert Sieg und Erfolg, das sagt dir, dass jetzt die perfekte Zeit ist, deine Pläne weiterzuverfolgen oder sogar ein neues Projekt zu beginnen, da du über jedes Potenzial für Erfolg verfügst. Was es braucht, ist deine Arbeit und dein wohlüberlegtes Handeln.

Bedeutung umgedreht

Umdreht repräsentiert das Ass der Schwerter ein Ausbleiben neuer Ideen und Niederlagen. Gerade jetzt fehlt dir der scharfe Verstand, den du für deine Herausforderungen brauchst, das kann zu Frustration und Verwirrung führen. Es kann auch ein Hinweis darauf sein, dass dein Urteil getrübt ist, so dass es schwierig ist, gute Entscheidungen zu treffen. Vielleicht solltest du eine Idee überdenken, weil die Dinge nicht so voranschreiten oder sich entwickeln, wie gewollt.

DIE ZWEI der Schwerter

HERRSCHENDER PLANET Mond **TIERKREISZEICHEN** Waage **ELEMENT** Luft **JA ODER NEIN** Vielleicht **SCHLÜSSELWÖRTER AUFRECHT** Schwierige Entscheidungen, Sackgasse, Optionen abwägen, Unentschlossenheit **SCHLÜSSELWÖRTER UMGEDREHT** Verwirrung, Pattsituation, zu viele Informationen, das kleine Übel

Bedeutung aufrecht

Die Zwei der Schwerter, die eine Frau mit zwei gekreuzten Schwertern zeigt, steht für das Abwägen von Optionen und Entscheidungen. Ihre Augen sind verbunden als Zeichen, dass die Entscheidung nicht leicht ist, es gibt versteckte Informationen, die sich auf ihre Wahl auswirken können. Sie hält die gekreuzten Schwerter in perfekter Balance als Erinnerung, dass wir alle Für und Wider bedenken sollen, bevor wir wählen. Nimm dir Zeit und sammle alle Informationen, um eine begründete Wahl zu treffen. Der Mond in der Waage mahnt dich, bei allen Entscheidungen deiner Intuition zu trauen.

Wenn diese Karte erscheint, kann sie für eine Pattsituation stehen. Die gekreuzten Schwerter können auch bedeuten, dass du an einer Kreuzung in deinem Leben angekommen bist. Vielleicht fühlst du dich, als ob du in etwas feststecken würdest, ein Problem oder eine Situation, oder vielleicht zwischen zwei Menschen. Versuchst du, eine notwendige Entscheidung zu vermeiden?

Bedeutung umgedreht

Die umgedrehte Zwei der Schwerter repräsentiert Unentschlossenheit. Du fühlst dich angespannt, gestresst und von Informationen überschwemmt, so dass du dich kaum entscheiden kannst. Du musst eine Entscheidung treffen, steckst aber zwischen zwei schlechten Möglichkeiten fest, was es umso schwerer macht. Die Verzögerungen, die Verwirrung und der Aufruhr der Karte helfen auch nicht gerade weiter. Finde heraus, welches das kleinere Übel ist, damit du das Beste aus einer schlimmen Situation machst. Lass deinen Kurs nicht von den Meinungen anderer bestimmen.

Die Drei der Schwerter

HERRSCHENDER PLANET Saturn **TIERKREISZEICHEN** Waage **ELEMENT** Luft **JA ODER NEIN** Nein **SCHLÜSSELWÖRTER AUFRECHT** Herzschmerz, emotionaler Schmerz, Aufruhr, Trauer, Kummer, Schmerz **SCHLÜSSELWÖRTER UMGEDREHT** Erholung, Vergebung, Schmerz loslassen, weiterziehen, Optimismus

Bedeutung aufrecht

Die Drei der Schwerter steht für unerwarteten und plötzlichen Herzschmerz oder Enttäuschung und Aufruhr. Auf der Karte sehen wir ein Herz, in dem drei Schwerter stecken. Die Wunden symbolisieren emotionalen Schmerz, der dir durch andere zugefügt wird. Das kann bedeuten, dass dich jemand, der dir nahesteht, betrogen hat oder du eine traumatische Zeit erlebt hast. Vielleicht hast du einen Verlust erlitten, der dich sehr trifft. Die Karte sagt dir, dass jetzt die Zeit ist, zu trauern und deinen Kummer zu zeigen. Lass dir Zeit, wir verarbeiten Dinge jeder in eigenem Tempo. Wird die Karte gelegt, kann sie zudem für Depressionen, Einsamkeit und Isolation stehen.

Es ist gut zu wissen, dass die Auswirkung der Karte als Teil der kleinen Arkana nur vorübergehend ist. Als positiver Aspekt mag die Erinnerung gelten, dass wir alle dunkle und schwierige Zeiten erleben, aber an den Aufgaben wachsen. Saturn (in der Waage), der herrschende Planet der Karte, erinnert zusätzlich daran, dass nichts im Leben, auch emotionaler Schmerz, ewig dauert.

Bedeutung umgedreht

Umgedreht repräsentiert die Drei der Schwerter die Überwindung von Kummer. Du erholst dich von einem emotionalen Trauma und lässt den Schmerz, den Kummer und die Trauer los, die es verursacht hatte. Was du auch durchmachst, die Karte steht dafür, dass du das Schlimmste hinter dir hast und jetzt nach vorne schaust, stärker als vor der Erfahrung. Du lässt dich nicht länger von Negativem niedermachen, vor allem nicht durch Selbstkritik, und bist optimistischer. Legst du die Karte, ist es Zeit für Vergebung und Versöhnung.

DIE VIER der Schwerter

HERRSCHENDER PLANET Jupiter **TIERKREISZEICHEN** Waage **ELEMENT** Luft **JA ODER NEIN** Vielleicht **SCHLÜSSELWÖRTER AUFRECHT** Ausruhen, Entspannung, Kontemplation, Erholung, Wiederherstellung **SCHLÜSSELWÖRTER UMGEDREHT** Erschöpfung, Burn-out, Ruhelosigkeit, Reflexion

Bedeutung aufrecht

Die Vier der Schwerter steht für eine Auszeit. Ein Ritter mit Rüstung liegt auf seinem Sarg, die Hände zum Gebet zusammengelegt. Das symbolisiert Ruhe und Entspannung. Du brauchst dringend Ruhe und inneren Frieden. Der geschäftige Alltag nagt an dir. Du fühlst dich angespannt und überfordert. Die Karte ist ein Signal, du sollst dir Raum schaffen, um dich zu erholen, deine Batterien aufzuladen und Körper, Geist und Seele wieder in Ordnung zu bringen. Das herrschende Zeichen Waage sagt dir, dass du mehr Ausgewogenheit im Leben brauchst.

Die Karte symbolisiert Kontemplation und Reflexion. Bewerte jetzt deine Prioritäten neu und schau, wohin du deine Energien lenken möchtest. Gehst du zu dem Rückzugsort, den du dir schaffst, lässt du Stress und Angst vor der Schwelle zurück, damit du logisch einschätzen kannst, wo du stehst und wie es weitergehen soll.

Bedeutung umgedreht

Die umgedrehte Vier der Schwerter steht für Erschöpfung und Ruhelosigkeit. Die Karte erscheint, wenn du kurz vor einem Burn-out stehst, weil du unglaublich hart gearbeitet hast und daher deine Stress- und Anspannungspegel immer weiter steigen. Nimm das als Warnung, besser auf dich zu achten, damit du nicht zusammenbrichst und völlig ausbrennst. Die umgedrehte Vier der Schwerter kann auch für ein Erwachen stehen und den Aufbau innerer Stärke, die dir beim Heilen und Wiederherstellen nach Stress und Anspannung hilft.

Die Fünf der Schwerter

HERRSCHENDER PLANET Venus **TIERKREISZEICHEN** Wassermann **ELEMENT** Luft **JA ODER NEIN** Nein **SCHLÜSSELWÖRTER AUFRECHT** Konflikt, Wettbewerb, aufgeben, Unstimmigkeiten, gewinnen um jeden Preis **SCHLÜSSELWÖRTER UMGEDREHT** Versöhnung, unterschwellige Vorbehalte, verbessern

Bedeutung aufrecht

Wie alle Fünfen im Tarot steht auch die Fünf der Schwerter für einen Konflikt, der zu Sorgen und Stress führt. Im Rider-Waite-Smith-Deck zeigt die Karte einen Mann mit drei Schwertern, zwei weitere Schwerter liegen auf dem Boden, sie symbolisieren einen Kampf, der verloren ging. Der Mann sieht über seine Schulter zwei besiegten Figuren hinterher, die sich von ihm entfernen. Das symbolisiert Aggression, Feindseligkeit oder auch ernste Feindschaft. Venus im Wassermann kann einen Grad an Distanziertheit bringen, die den Umgang mit der Situation erschwert.

Wenn du kürzlich an einem Streit beteiligt warst, kann das heißen, dass du zwar gewonnen, in der Konsequenz aber viel verloren hast. Es kann bedeuten, dass die Beziehung zu der Person oder den Personen, mit denen du gestritten hast, beschädigt ist, und dass die Nachwirkungen länger dauern als der Streit selbst. Denk daran, dass die Einstellung, um jeden Preis gewinnen zu müssen, für Beziehungen problematisch sein kann.

Bedeutung umgedreht

Die umgedrehte Fünf der Schwerter steht für Versöhnung und ein Ende des Konflikts. Sie ist die Einladung, sich für deine Rolle in Streitigkeiten zu entschuldigen und so dabei zu helfen, Brüche zu kitten und Stress zu mildern. Die Karte ist außerdem ein Zeichen, Kompromisse einzugehen und Konflikte zu lösen. Wenn du also gerade Groll gegen jemandem hegst, lass ihn jetzt los. Das kann schwerfallen, so dass die Karte auch für schwelende Vorbehalte bis zum Punkt von Rachegelüsten steht. Gewinnen ist nicht alles!

Die Sechs der Schwerter

HERRSCHENDER PLANET Merkur **TIERKREISZEICHEN** Wassermann
ELEMENT Luft **JA ODER NEIN** Vielleicht **SCHLÜSSELWÖRTER AUFRECHT** Übergang, Veränderung, weitermachen, zurücklassen, Last abladen
SCHLÜSSELWÖRTER UMGEDREHT Emotionales Gepäck, unerledigte Geschäfte, Veränderungen ablehnen

Bedeutung aufrecht

Die Sechs der Schwerter steht für einen Übergang. Im Rider-Waite-Smith-Deck zeigt die Karte eine Frau und ein Kind in einem Boot mit einem jungen Mann am Ruder. Sie schauen alle nach vorn in die Richtung, in die sie fahren, und nicht zurück, was bedeutet, dass du etwas hinter dir lässt. Das kann etwas Traumatisches sein, aber die gute Nachricht ist, dass dein Leben sich zum Besseren wandelt, denn dies ist eine Karte der Vorwärtsbewegung, des Überwindens von Schwierigkeiten und der Erleichterung. Dies sind gute Veränderungen.

Auf der Karte stehen sechs Schwerter vor der Frau und dem Kind im Boot, das deutet auf das Tragen emotionalen Gepäcks aus der Vergangenheit hin. Lass es los und bring es nicht mit in deine Zukunft, damit du heilen und weitermachen kannst. Merkur im Wassermann, der Planet und das Tierkreiszeichen, helfen uns, die Dinge so zu sehen, wie sie sind und zu erkennen, was wir gehenlassen müssen.

Bedeutung umgedreht

Die umgedrehte Sechs der Schwerter ist ein Zeichen, dass du dich gegen den Fluss der Veränderung wehrst. Du hängst in der Vergangenheit fest und kannst dein emotionales Gepäck nicht abwerfen. Du verbringst zu viel Zeit mit dem Blick zurück, anstatt im Heute zu leben und in die Zukunft zu schauen. Jedes unerledigte Geschäft kann dir schwer auf der Seele liegen, was das Loslassen noch erschwert. Der Wechsel in deinem Leben ist unvermeidbar, ob du dagegenhältst oder nicht, aber du scheinst dein Bestes zu geben, ihn zu umgehen oder sogar vor ihm fortzulaufen. Womöglich bist du der Meinung, die Veränderung wird dir aufgezwungen.

Die Sieben der Schwerter

HERRSCHENDER PLANET Mond **TIERKREISZEICHEN** Wassermann **ELEMENT** Luft **JA ODER NEIN** Nein **SCHLÜSSELWÖRTER AUFRECHT** Verrat, Betrug, Taktiken, mit etwas davonkommen **SCHLÜSSELWÖRTER UMGEDREHT** Anschauung überdenken, ins Reine kommen, Gauklersyndrom

Bedeutung aufrecht

Die Sieben der Schwerter repräsentiert Unehrlichkeit und Betrug. Auf der Karte hält ein Mann fünf Schwerter im Arm, mit denen er sich aus dem Lager schleicht. Zwei Schwerter bleiben dort und er schaut über die Schulter auf das, was er zurücklässt, sichtlich stolz, dass er unbemerkt entwischt ist. Die Karte erzählt von risikoreichem, gefährlichem Verhalten. Sie symbolisiert, dass du oder jemand anders betrügt und versucht, sich davonzustehlen, ohne erwischt zu werden. So zu handeln demonstriert ein fehlendes Gewissen und missachtet die Gefühle von anderen.

Die Karte kann das Warnsignal sein, besser auf die Taktiken anderer zu achten, die dadurch deine Handlungen oder Gedanken zu ihrem Vorteil manipulieren wollen. Oder vielleicht manipulierst du andere und sollst daran erinnert werden, dein Gewissen dazu zu befragen.

Bedeutung umgedreht

Die umgedrehte Sieben der Schwerter steht für das Bewusstsein und dafür, zu gestehen, was man getan hat, worauf man nicht stolz ist. Sie ist ein Zeichen, die eigene Lebensanschauung zu überdenken, besonders, wenn du bei dir negatives Verhalten bemerkst. Vielleicht spürst du, dass dein Gewissen dich dazu drängt, ehrlich und aufrichtig zu sein. Geständnisse sind nie leicht, aber sie können Dinge in Ordnung bringen und reinen Tisch machen. Die Karte kann für Geheimnisse stehen, für Menschen, die lügen und betrügen, und für die, die generell toxisch für dich sind.

Die Acht der Schwerter

HERRSCHENDER PLANET Jupiter **TIERKREISZEICHEN** Zwillinge **ELEMENT** Luft **JA ODER NEIN** Nein **SCHLÜSSELWÖRTER AUFRECHT** Einschränkung, erzwungene Beschränkungen, Hilflosigkeit, negatives Denken **SCHLÜSSELWÖRTER UMGEDREHT** Ermächtigung, Freiheit, Kontrolle übernehmen, entlassen

Bedeutung aufrecht

Die Acht der Schwerter repräsentiert das Gefühl, eingeengt zu sein. Die Karte zeigt eine gefesselte Frau mit verbundenen Augen, die in einem Kreis aus acht Schwertern steht. Auf den ersten Blick sieht sie wie gefangen aus, aber wenn sie die Fesseln und die Augenbinde abnehmen würde, könnte sie aus der Situation ausbrechen. Die Frau bist du, die Augenbinde repräsentiert deine einschränkenden Ansichten und negativen Gedanken, die dich auf der Stelle stehen lassen. Jupiter in den Zwillingen kann dich verleiten, zu viel nachzudenken und die Sache zu verschlimmern. Deine selbst auferlegten Beschränkungen hindern dich am Wachstum und Vorankommen, weil sie dich mit ihrer Angst lähmen.

Die Karte ist eine Einladung an dich, den Kreislauf zu durchbrechen, und die Kontrolle wieder zu übernehmen, indem du alles loslässt, was dich zurückhält. Es gibt immer eine Möglichkeit, die Hürden auf deinem Weg zu überwinden. Vielleicht glaubst du, dass du die Aufgaben nicht schaffst, aber denk immer daran, dass du nicht machtlos bist!

Bedeutung umgedreht

Umgedreht bedeutet die Acht der Schwerter die Zurückgewinnung der Kontrolle. Du hast in letzter Zeit sehr unter Druck gestanden, dies ist das Zeichen, dass der Druck abnimmt und du erleichtert aufatmen kannst. Jetzt ist eine Zeit der Ermächtigung, der Freiheit, du entkommst schwierigen Umständen. Die Karte zeigt, dass du geistig stark bist und bereit, Hindernisse auf deinem Weg zu konfrontieren und sie zu überwinden. Du bist mit dir selbst mehr im Reinen und schaffst es, negatives Denken und einengende Ansichten zu durchbrechen, die dich zurückhalten.

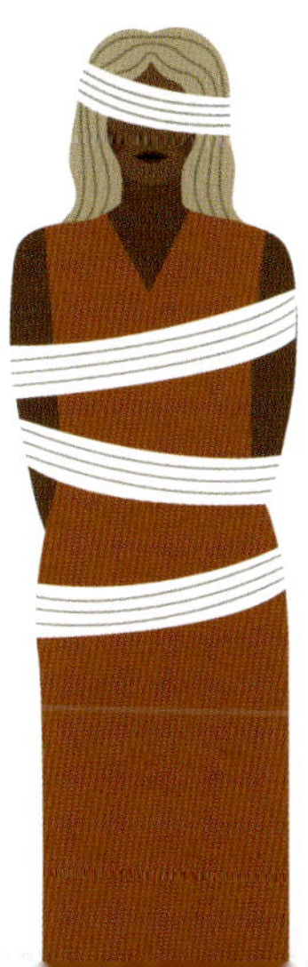

Die Neun der Schwerter

HERRSCHENDER PLANET Mars **TIERKREISZEICHEN** Zwillinge **ELEMENT** Luft **JA ODER NEIN** Nein **SCHLÜSSELWÖRTER AUFRECHT** Anspannung, Sorgen, Angst, Hoffnungslosigkeit, Albträume, Depressionen, Belastungsgrenze **SCHLÜSSELWÖRTER UMGEDREHT** Um Hilfe bitten, lernen, mit etwas fertig zu werden, Sorgen loslassen, Erholung, Schuld, Scham

Bedeutung aufrecht

Die Neun der Schwerter repräsentiert Sorgen, Anspannung und Angst. Die Karte zeigt eine Frau, die im Bett sitzt, ihr Gesicht hat sie in die Hände gelegt, als ob ein Albtraum sie geweckt hätte. Die neun Schwerter über der Frau demonstrieren, wie zerstörerisch Gedanken sein können und sind Zeichen für deine eigenen negativen Gedanken, die dich tief beschäftigen. Dabei hilft es nicht, dass Mars in den Zwillingen dich ruhelos werden lässt.

Du fühlst dich von dem, was gerade in deinem Leben geschieht, überfordert und an deine Grenzen gebracht. Die Karte steht zudem für Depressionen und Schlaflosigkeit. Wenn du das kennst, scheu dich nicht, dir Hilfe zu suchen. Dich zu isolieren, würde die Hoffnungslosigkeit in dir nur verschlimmern. Wird die Karte gelegt, bedeutet das, dass die Dinge nicht so schlimm sind, wie du meinst, aber dass du pausenlos besorgt bist. Denk daran, dass es immer Wege gibt, aus der Situation und deinen negativen Gedanken zu entkommen.

Bedeutung umgedreht

Die umgedrehte Neun der Schwerter steht für Erholung und das Loslassen der Sorgen, die dich in die Knie zwingen. Wird die Karte gelegt, bedeutet sie Hoffnung nach einer schweren Zeit. Es mag immer noch hart für dich sein, aber es wird besser, weil du lernst, wie du mit negativen Gedanken umgehst. Alternativ kann die Karte ein Zeichen dafür sein, dass deine Depression, deine Sorgen und Ängste schlimmer werden. Dadurch entstehen andere Gefühle wie Schuld und Scham. Hab keine Angst, um Hilfe zu bitten: Du musst da nicht allein durch.

Die Zehn der Schwerter

HERRSCHENDER PLANET Sonne **TIERKREISZEICHEN** Zwillinge **ELEMENT** Luft **JA ODER NEIN** Nein **SCHLÜSSELWÖRTER AUFRECHT** Versagen, Kollaps, schmerzhaftes Ende, Niederlage, Hinterhalt, Ruin, Sackgasse **SCHLÜSSELWÖRTER UMGEDREHT** Verbesserung, gelernte Lektionen nach schwerer Zeit, Erholung, Verzweiflung, Rückfall

Bedeutung aufrecht

Die Zehn der Schwerter repräsentiert Niederlage und Versagen. Die Karte zeigt einen Mann, der auf dem Bauch liegt. Zehn Schwerter stecken in seinem Rücken und symbolisieren einen Hinterhalt: Achte auf deinen Rücken! Es könnte sein, dass jemand, den du kennst, dich betrügt. Die Karte weist auf ein schmerzhaftes Ende, Ende von Beziehungen, einen Tiefpunkt oder eine Sackgasse hin. Sie kann auch ein Hinweis auf Erschöpfung oder Krankheiten wie einen Nervenzusammenbruch oder chronisches Fatigue-Syndrom sein. Die Zwillinge, das herrschende Zeichen der Karte, bescheren dir eventuell Angstattacken.

Legst du die Karte, ist das ein Zeichen, dass etwas Unvorhergesehenes geschehen ist und dich umgehauen hat. Sie erinnert dich daran, dass du nicht jederzeit jeden Aspekt deines Lebens kontrollieren kannst. Die Karte kann auch bedeuten, dass du die Rolle des Opfers annimmst, um gut durch diese schwierige Zeit zu kommen.

Bedeutung umgedreht

Die umgedrehte Zehn der Schwerter repräsentiert das Licht am Ende des Tunnels. Die Dinge entwickeln sich jetzt zum Positiven und du kannst dich erholen, denn das Schlimmste liegt hinter dir. Selbst, wenn du noch nicht spürst, dass die Situation besser wird, hast du zumindest die harten Zeiten überlebt. Wir lernen viel aus schlimmen Erfahrungen, die Karte sagt dir, dass das gerade bei dir geschieht, damit du dich weiterentwickelst. Die Karte kann allerdings auch für eine komplette Niederlage, einen Rückfall und das Ausweichen eines unvermeidlichen Endes stehen aus Angst, was danach geschieht.

Der Bube der Schwerter

HERRSCHENDER PLANET Saturn und Merkur **TIERKREISZEICHEN** Zwillinge und Steinbock **ELEMENT** Luft und Erde **JA ODER NEIN** Ja **SCHLÜSSELWÖRTER AUFRECHT** Neue Ideen, Neugier, geistige Energie, Wissensdurst, Kommunikation, Inspiration **SCHLÜSSELWÖRTER UMGEDREHT** Nur Gerede, keine Handlung, zynisch, Manipulation, Eile, Beleidigungen

Bedeutung aufrecht

Der Bube der Schwerter steht für neue Ideen, Inspiration, leidenschaftliche Energie und kann bedeuten, dass du dich in einer Planungsphase befindest. Die Karte zeigt eine junge Frau, die mit dem Schwert, das sie hält, in den Himmel zeigt, ein Symbol für Wissensdurst, Lernen und Leistung, das mit einem scharfen, wissbegierigen Verstand assoziiert wird. Du steckst voller neuer Ideen, aber da die Karte vom Erdzeichen Steinbock und dem Luftzeichen Zwillinge beherrscht wird, ist dies ein Hinweis, dass deine Ideen geerdet sein müssen, um zum Erfolg zu führen.

Der Einfluss des Planeten Merkur macht die Art deiner Kommunikation wichtig und mahnt dich, erst nachzudenken, bevor du sprichst. Zwar wissen die Menschen durch deine direkte Kommunikation, wo sie stehen, aber manchmal übertrittst du dabei Grenzen und sagst Dinge, ohne vorher zu überlegen, welche Wirkung sie auf andere haben können. Außerdem würde dich das vorherige Denken vor unnötigem Streit und Konflikten schützen.

Bedeutung umgedreht

Der umgedrehte Bube der Schwerter repräsentiert einen Mangel an Ideen und an Planung. Du bist zu hastig und denkst nicht nach, bevor du handelst. Du musst dich besser organisieren und vorab planen, wie du deine Aufgaben angehen möchtest, um erfolgreich zu sein. Die Karte ist ein Zeichen, dass deine schwache Kommunikation dich ausbremst. Schau, wie du mit den Menschen in deinem Leben sprichst. Deine Worte können für andere ungehobelt und beleidigend klingen, auch wenn du meinst, nur ehrlich zu sein. Die Karte kann auch für Zynismus, Manipulation, Betrug und Psychospiele stehen.

DER RITTER der Schwerter

HERRSCHENDER PLANET Mars und Saturn **TIERKREISZEICHEN** Widder und Wassermann **ELEMENT** Luft und Feuer **JA ODER NEIN** Ja **SCHLÜSSELWÖRTER AUFRECHT** Handeln, Veränderung, impulsiv, Erfolgswille, schnelles Denken, Fokus **SCHLÜSSELWÖRTER UMGEDREHT** Unfokussiert, Nichtbeachten von Konsequenzen, beleidigend, Aggression, arrogant, taktlos

Bedeutung aufrecht

Der Ritter der Schwerter repräsentiert Mut, Handeln und Tapferkeit. Die Karte zeigt einen Ritter in Rüstung auf einem weißen Pferd, das vorwärts prescht, das Bild wirkt energiegeladen und voller Schwung. Das steht dafür, dass dein Geist auf deine Ziele ausgerichtet ist. Du bist dank Saturn im Wassermann voll motiviert und ehrgeizig, es zieht dich zum Erfolg, du willst deine Ziele erreichen.

Die Karte kündigt Veränderungen an. Nutze den Moment. Du wartest schon eine Weile auf die Veränderung, aber jetzt ist nicht die Zeit für Impulsivität. Sei in deiner Kommunikation bestimmt und setze deinen schnellen, klugen Verstand ein und ergreife die Gelegenheiten, wenn sie sich auftun. Denk daran, dass Veränderungen nicht leicht sind, aber wenn diese Karte erscheint, finde das Selbstvertrauen und die Kraft, nach vorne zu stürmen und nicht darauf zu achten, wie ungemütlich sich das anfühlen kann. Das ist die einzige Methode, dein höchstes Potenzial zu erlangen.

Bedeutung umgedreht

Der Ritter der Schwerter auf dem Kopf stehend steht für Ungeduld, Impulsivität und einen Mangel an Fokus. Du strotzt vor Energie, aber hast keine Richtung, was bedeutet, dass es dir schwerfallen kann, deine Ziele zu erreichen. Die Karte steht vielleicht für jemanden, der sich dir gegenüber häufig ungehobelt und taktlos benimmt und nicht erkennt, was seine Worte auslösen. Achte darauf, was du sagst und wie du es sagst, damit du andere nicht verletzt. Die Karte kann auch ein Zeichen für Aggression und Arroganz sein.

Die Königin der Schwerter

HERRSCHENDER PLANET Mars und Venus **TIERKREISZEICHEN** Skorpion und Waage **ELEMENT** Luft und Wasser **JA ODER NEIN** Ja **SCHLÜSSELWÖRTER AUFRECHT** Einfühlsam, Fairness, Unabhängigkeit, Ehrlichkeit, unvoreingenommenes Urteil, klarer Verstand, konstruktiv **SCHLÜSSELWÖRTER UMGEDREHT** Kaltherzig, Bitterkeit, defensiv, harsch, betrügerisch, nachtragend

Bedeutung aufrecht

Die Königin der Schwerter steht für jemanden (häufig eine reife Frau), der ehrlich und fair ist und unvoreingenommen urteilt. Auf der Karte des Rider-Waite-Smith-Decks sitzt die Königin auf einem Steinthron, den Engel und Schmetterlinge schmücken als Symbole für ihre weichere Seite und Transformation. Sie hält das Schwert, das für die Suche nach der Wahrheit in allen Dingen steht, aufrecht.

Die Karte symbolisiert Unabhängigkeit, aber auch Mitgefühl, das durch persönliches Leid gewonnen wurde. Sie steht für eine Person, die für dich da ist, wenn es schwierig wird. Mars im Skorpion und Venus in der Waage versprechen, dass diese Person dich dadurch beschützt, dass sie ihre eigenen negativen Erfahrungen einsetzt, um anderen zu helfen. Die Königin ist sehr einfühlsam und erscheint beim Legen, wenn du einen klaren Verstand brauchst. Die Karte ist ein Zeichen, den Dingen wirklich auf den Grund zu gehen, schieb deine Emotionen zur Seite und lass deinen Kopf die Entscheidungen fällen.

Bedeutung umgedreht

Die umgedrehte Königin der Schwerter sagt dir, dass dein Herz die Oberhand über deinen Verstand hat und du daher nicht objektiv bist, da deine Emotionen deine Wahrnehmung der Realität verzerren. Wenn du die Karte legst, kann das bedeuten, dass jemand zu kritisch mit dir ist oder dass du kritisch mit anderen umgehst. Vielleicht sonderst du dich ab, weil dein Verteidigungsmechanismus eingesetzt hat und du eine Schutzmauer hochgezogen hast. Die Karte kann ebenso für Pessimismus, Bitterkeit und Kaltherzigkeit stehen, aber auch für betrügerisches und grausames Verhalten.

DER KÖNIG der Schwerter

HERRSCHENDER PLANET Saturn und Venus **TIERKREISZEICHEN** Wassermann und Waage **ELEMENT** Luft **JA ODER NEIN** Ja **SCHLÜSSELWÖRTER AUFRECHT** Autorität, geistige Klarheit, Integrität, Disziplin, Wahrheit, intellektuelle Macht, Vernunft, Moral **SCHLÜSSELWÖRTER UMGEDREHT** Manipulation, Kontrolle, grausam, irrational, unehrlich

Bedeutung aufrecht

Der König der Schwerter steht für Autorität, Disziplin und Struktur. Im Rider-Waite-Smith-Deck zeigt die Karte einen König auf einem Thron, er hält das Schwert aufrecht mit der Spitze nach oben und symbolisiert Wahrheit und intellektuelle Macht. Das bedeutet, dass du die Kraft deines Verstandes einsetzen sollst, um deine Ziele zu erreichen. Legst du die Karte, zeigt das, dass du dein Gehirn anstrengen und weniger dein Herz befragen sollst.

Zwei Luftzeichen, Waage und Wassermann, herrschen über die Karte, sie sind starke Vertreter von Vernunft, Logik, Disziplin, Anpassungsfähigkeit sowie Moral und Integrität. Bleib objektiv und bewahre einen klaren Geist, fokussiere dich nur auf die Fakten und bleibe unparteiisch. Das gilt besonders bei der Beurteilung einer Situation. Der König der Schwerter repräsentiert die Bedeutung kritischen Denkens, speziell wenn Entscheidungen zu treffen sind, damit du sicher sein kannst, dass du anhand von Fakten und nicht aufgrund von Gefühlen entscheidest.

Bedeutung umgedreht

Umgedreht ist der König der Schwerter Repräsentant fehlender Autorität und Disziplin. Du betrachtest die Dinge nicht objektiv. Die Karte mahnt dich, deinen Kopf zu benutzen, um Vernunft und Logik in eine Situation zu bringen. Sie deutet an, dass du nicht unparteiisch bist und urteilst, ohne die ganze Wahrheit zu kennen. Die Karte kann für Machtmissbrauch und Manipulation, Kontrolle und grausames Benehmen stehen. Legst du die Karte, kann sie ein Hinweis sein, dass du deine Intelligenz für unehrliche und selbstsüchtige Zwecke einsetzt.

VII

Königin

II

III

VII

5

Tarot-Legesysteme

Jetzt kennen wir alle 78 Tarotkarten und können uns anschauen, wie wir sie legen können. Ein Tarot-Legesystem ist ein Muster, in dem die Karten für einen bestimmten Zweck oder eine bestimmte Situation gelegt werden. Jede Karte steht für eine Frage, die dir zusammen mit den Informationen der anderen Karte im Legesystem hilft, das große Ganze zu erkennen.

In diesem Kapitel beschäftigen wir uns mit Systemen mit drei und vier Karten und dem komplexeren Keltischen Kreuz, das vermutlich das bekannteste Legesystem ist. Dabei gucken wir uns an, wofür die Karten stehen, damit du weißt, wie sie zu verwenden sind. Die Karten im Keltischen Kreuz stehen für immer dieselben Fragen, aber bei den Systemen mit drei und vier Karten gibt es so viele Variationen, dass sie sich praktisch für jedes Problem eignen und jedem Bedürfnis angepasst werden können.

Das Großartige an den Tarotkarten ist, dass sie dich zwingen, dir jede Karte, die du ziehst, anzusehen, um herauszufinden, wie sie mit den Fragen, die sie repräsentieren, verbunden sind. Das ist ganz besonders nützlich, wenn du gerade erst mit dem Kartenlegen begonnen hast, denn dadurch kannst du jede Karte im Detail angucken, darüber nachdenken, was sie bedeutet und herausfinden, in welcher Beziehung sie zu dir und der entsprechenden Frage steht.

KARTENLEGEN FÜR *dich & für andere*

Was das Kartenlegen für dich oder für andere betrifft, so ist der beste Rat: üben, üben, üben. Je mehr du dich mit den Karten beschäftigst (und sie für dich und dazu bereiten Personen legst), umso sicherer wird der Umgang mit ihnen. Aber wie bereitest du dich darauf vor, außer täglich eine Karte zu ziehen? In diesem Abschnitt stelle ich dir vor, welche Schritte ich vor dem Kartenlegen durchführe. Du musst sie nicht streng befolgen, sondern kannst sie nach deinen Bedürfnissen verändern. Sie sind ein guter Anfang, aber du wirst dir eigene Vorbereitungen zurechtstellen, wenn du erst geübter mit den Karten bist.

1. SCHAFFE DIE RICHTIGE ATMOSPHÄRE

Als erstes bereite ich einen Ort vor, der für das Wahrsagen geeignet ist. Dabei gibt es weder richtig noch falsch – ich zünde eine violette Kerze an, die Farbe der Übersinnlichkeit, und verbrenne Räucherwerk, das ist meine Art. Ich schalte alle elektronischen Geräte wie Telefon und Fernseher aus, damit ich weder abgelenkt noch gestört werde. Ich mag es still um mich herum beim Kartenlegen, du kannst aber Musik abspielen, wenn dir das lieber ist. Dann reinige ich in Ruhe alles, was ich benutzen werde und den Ort mit Rauch aus Rosmarin und Beifuß. Du kannst auch eine andere Form der Reinigung anwenden, etwa das Visualisieren von hellem Licht, um die Karten zu reinigen. Die Reinigung der Karten, bevor du beginnst, ist sehr wichtig, so entfernst du unerwünschte Energie, die sich seit dem letzten Reinigen darauf abgeladen hat. Ich habe deshalb ein Tarotdeck, das ich für mich benutze und eines, das ich für andere lege.

2. BEREITE DICH VOR

Ist der Ort vorbereitet, bin ich selbst an der Reihe. Dafür suche ich mir einen gemütlichen Sitzplatz und reinige mich mit Rauch. Außerdem führe ich Erdungsübungen durch, bevor ich anfange. Eine andere Methode ist die Kontaktaufnahme mit Geistern, Führern oder Gottheiten, deren Hilfe du für das Kartenlegen anrufst. Auch das Meditieren ist eine gute Methode – meditiere über dein Anliegen oder die Situation, für die du dir Hilfe durch die Karten wünschst.

X
Das Rad des Schicksals
VII
Der Wagen
VIII
Die Kraft
VI
Die Liebenden
IX
Der Eremit
Die Zukunft beginnt jetzt

3. SCHREIBE DEINE FRAGEN AUF

Wenn du so weit bist, schreibe deine Hauptfragen auf. Versuche, ganz bis zum Kern der Angelegenheiten vorzudringen und deine Fragen darauf zu fokussieren. Wenn du bereit bist, kann es nützlich sein, zu fragen: „Was brauche ich jetzt?" und zu schauen, was dir zuerst in den Sinn kommt. Beantworte die Frage aufrichtig und mach von dort aus weiter.

4. WÄHLE EINEN SIGNIFIKATOR

Ein Signifikator ist eine Karte, die bewusst ausgewählt wird und die Person, für die gelegt wird, repräsentiert, entweder dich oder jemand anderen. Er kann genauso gut für die Situation, das Problem oder die Frage stehen, wegen denen du legst. Das mache ich nicht immer so, aber es kann helfen, wenn du für andere legst, da er die Person symbolisch in das Kartenlegen mit hineinnimmt.

Da Hofkarten (Bube, Ritter, Königin und König) meist Menschen repräsentieren, wird der Signifikator meist aus diesem Teil des Decks (siehe kleine Arkana, Kapitel 4) gewählt. Als Auswahlkriterien stehen zum Beispiel die Art der Energie, mit der die Karte assoziiert wird, oder ihre physische Erscheinung zur Verfügung. Du kannst die Karte auch nach dem Charakter einer Person aussuchen oder nach ihrem Tierkreiszeichen. Ist die Person Jungfrau, Steinbock oder Stier, dann ist es nicht verkehrt, aus den erdverbundenen Münzen eine Karte zu wählen. Wenn die Person weiblich ist oder weibliche Energien ausstrahlt, würde sich die Königin der Münzen anbieten. Du kannst auch eine Karte der großen Arkana auswählen (siehe Kapitel 3 für assoziierte Tierkreiszeichen). Leg die Karte ruhig an die Seite als Erinnerung, auf wen du dich beim Kartenlegen fokussierst.

5. MISCHE DIE TAROTKARTEN

Wie du die Karten mischst, ist dir überlassen. Am gebräuchlichsten ist die Überhand-Methode, wobei das Deck mit einer Hand gehalten wird und immer wieder einige Karten mit der anderen Hand dazwischengeschoben werden. Oder du legst die Karten flach auf den Boden oder eine ebene Oberfläche und mischst sie, bevor du sie wieder aufnimmst. Beim Mischen geht es um deine Einstellung währenddessen – nutze die Zeit, um dich auf die Frage zu konzentrieren, die du bezüglich der Situation oder des Problems formuliert hast.

Das Mischen der Karten ist wichtig, um sich mit der Energie des Decks zu verbinden. Wenn du für jemand anderen legst, ist es gut, wenn die Person selbst mischt, um ihre Energie in die Karten zu geben, bevor du das Legesystem anwendest, das du gewählt hast.

UNBEGRENZTES POTENZIAL ERFÜLLT MICH

1

2

3

4

1

2

3

3ER & 4ER-Legesysteme

Eigentlich möchte man sich gern gleich auf ein schwieriges Legesystem wie das Keltische Kreuz (siehe Seite 150) stürzen, tatsächlich ist es anfangs besser, die Dinge einfach zu halten. Ein System mit drei Karten ist ein guter Weg, sich mit der Deutung von Tarotkarten für dich oder andere vertraut zu machen, neben dem täglichen Ziehen einer Karte. Mein erstes Legesystem war dieses: Eine Karte steht für die Vergangenheit, eine für die Gegenwart und die dritte für die Zukunft. Das Gute hierbei ist, dass die Karten zu wirklich allem befragt werden können und es auf jedes Problem und jede Frage angepasst werden kann.

Das Legen von drei Karten eignet sich hervorragend, wenn man klare und einfache Antworten möchte, auch bei komplizierten Problemen. Deswegen ist das System so beliebt, nicht nur bei Anfängern, sondern für jedes Niveau, auch bei professionellen Kartenlegern. Das gleiche lässt sich über das Legen von vier Karten sagen, zu dem du übergehen kannst, wenn du dir mit drei Karten sicher bist. Hier sind einige Legesysteme mit drei und vier Karten zum Ausprobieren.

3er Legung (Karten 1 bis 3):

1. Vergangenheit 2. Gegenwart 3. Zukunft

1. Jetzt 2. Später 3. Ferne Zukunft

1. Stärken 2. Schwächen 3. Rat

1. Morgen 2. Nächste Woche 3. Nächster Monat

1. Du 2. Partner/Partnerin 3. Eure Beziehung

1. Handeln 2. Fühlen 3. Denken

1. Problem 2. Ursache 3. Lösung

1. Du 2. Dein aktueller Weg 3. Dein Potenzial

1. Pro 2. Contra 3. Rat

4er Legung (Karten 1 bis 4):

1. Vergangenheit 2. Gegenwart 3. Zukunft 4. Ausgang

1. Situation 2. Aufgabe 3. Ängste 4. Lektion

1. Frage 2. Pro 3. Contra 4. Antwort

1. Situation 2. Führung 3. Fokus 4. Bestmöglicher Ausgang

1. Bedürfnisse 2. Wünsche 3. Hoffnungen 4. Bestmöglicher Ausgang

1. Motivation 2. Idealer Ausgang 3. Werte 4. Wahrscheinlicher Ausgang

1. Physisch 2. Geistig 3. Spirituell 4. Potenzial

1. Positiv 2. Negativ 3. Ergebnis 4. Rat

1. Situation 2. Hindernis 3. Weg um das Hindernis 4. Lektion

Das Keltische Kreuz

Das Keltische Kreuz ist eine der ältesten und beliebtesten Legesysteme im Tarot. Es heißt, dass es in Europa entstand (vermutlich auf den Britischen Inseln). Zum ersten Mal veröffentlicht wurde es in *The Pictorial Key* (1910) von A. E. Waite, dem Mitschöpfer des Rider-Waite-Smith-Decks.

Zunächst kann das Keltische Kreuz überwältigend wirken, das ist absolut normal! Es ist ein komplexes Legesystem mit 10 Karten, also schwieriger als die anderen hier aufgeführten – aber lass dich davon nicht verschrecken. Ich finde, dass beim Keltischen Kreuz die Übung wirklich alles ist – je häufiger du es legst, umso leichter wird es dir fallen, die Karten zu deuten.

Wie bei anderen Systemen auch, steht jede Karte im Keltischen Kreuz für ein spezielles Thema. Wenn du eine bestimmte Frage hast, ist das fantastisch, denn jede Karte führt dich durch einen anderen Aspekt der Angelegenheit, was zu tieferem Verständnis und Einsicht führen kann.

Das Keltische Kreuz besteht aus zwei Teilen: Das Kreuz aus sechs Karten und die Säule aus vier Karten. Im Folgenden findest du die Bedeutung der Karten in diesem Legesystem und auf der gegenüberliegenden Seite siehst du, wie sie gelegt werden.

1. Die Situation und die Gegenwart.
Was geschieht in deiner augenblicklichen Situation.
2. Was es kreuzt – die Herausforderung
Ein Problem für dich oder ein Hindernis in deinem Weg.
3. Die ferne Vergangenheit
Lang zurückliegende Ereignisse, die Einfluss haben auf das aktuelle Problem oder die Situation.
4. Jüngste Vergangenheit
Kürzlich stattgefundene Ereignisse und ihre Auswirkung auf die Situation.
5. Deine Stärken
Deine Stärken in dieser Situation
6. Unmittelbare Zukunft
Deine nahe Zukunft und wie sich die Dinge entwickeln könnten, wenn du die Richtung nicht wechselst und weiter auf deinem Weg bleibst.
7. Einflüsse auf dich
Einflüsse auf dich und wie sie sich auf die Situation und den möglichen Ausgang auswirken.
8. Äußere Einflüsse aus dem Umfeld
Der Einfluss anderer Menschen und deren Energien auf deine Situation und damit auf den Ausgang.
9. Hoffnungen und Ängste
Wie deine Hoffnungen und Ängste dein Problem beeinflussen und damit am Ende den Ausgang.
10. Outcome
Die wahrscheinlichste Entwicklung der Dinge und wie das Problem gelöst werden kann.

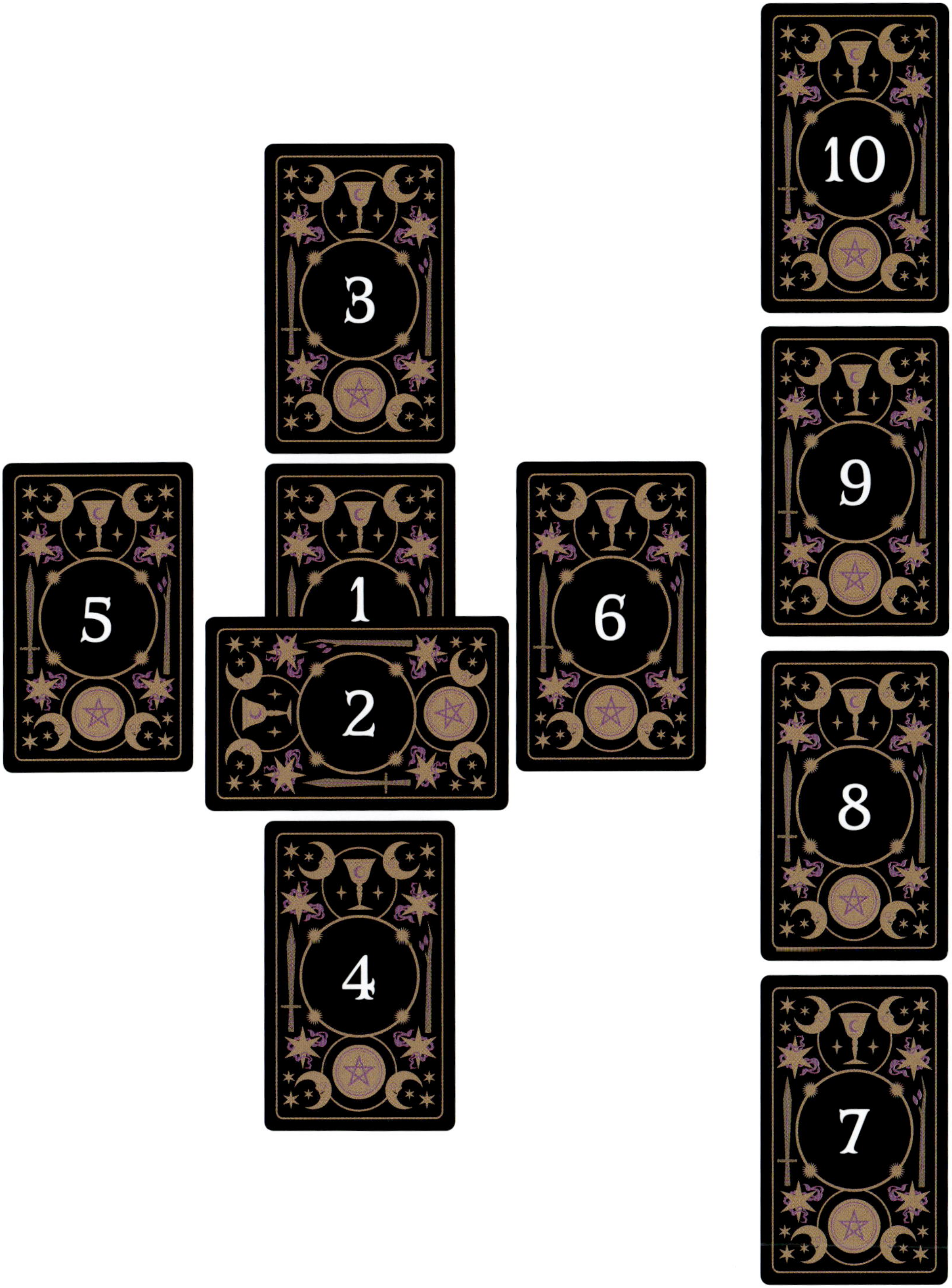

3

5

1

2

6

4

TAROT-ZAUBER FÜR ERFOLG

6

Tarot-Zauber & Rituale

Tarotkarten sind Wahrsagungsinstrumente, mit deren Hilfe du dich mit deiner inneren Weisheit verbinden kannst. Mit ihnen erlangst du nicht nur ein tieferes Verständnis der Umstände, du kannst sie auch in Ritualen und für Zauber einsetzen. Jede Karte hat ihre eigene spezielle Energie. Wenn du sie dem Zweck deines Zaubers entsprechend einsetzt, verleiht ihm das einen extra Schub. Auch als Visualisierungshilfe sind sie beim Hexen nützlich.

Das Großartige daran ist, dass du nur ein einziges Tarotdeck brauchst, damit dir 156 unterschiedliche Symbole zur Verfügung stehen. Alles, was du tun musst, ist die Karte(n) auszuwählen, die am stärksten deine Absicht oder dein Ziel repräsentieren, und dann einen Zauber oder ein Ritual um sie herum zu wirken. Die Zauber können simpel oder komplex sein, das bestimmst du, wenn du zum Beispiel Kerzen, Kristalle, Kräuter oder andere Dinge integrierst. Im folgenden Kapitel stelle ich dir einige einfache Tarot-Zauber und -Rituale vor, die mit Kristallen und Kräutern arbeiten.

Für die Arbeit mit Pflanzen gilt es, einige Grundregeln zu beachten. Die angegebenen Rezepte sind fast alle ausschließlich für eine äußere Anwendung gedacht. Nimm nichts davon ein, es sei denn, dass ausdrücklich darauf hingewiesen wird. Und auch dann nur, wenn du sicher bist, dass du nicht allergisch oder auf andere Art negativ darauf reagierst. Im Zweifel lasse dich medizinisch beraten. Iss oder berühr niemals eine Pflanze, die nicht identifiziert ist. Informiere dich immer vorab über die Kräuter, mit denen du arbeiten möchtest und frage medizinisches Fachpersonal, wenn du schwanger bist, Allergien oder andere Gesundheitsprobleme hast. Wenn du dich unwohl fühlst oder auf eine Pflanze reagierst, suche dir sofort medizinische Hilfe. Denk daran, dass einige Pflanzen auch für Tiere gefährlich sind.

Tarot-Schutzzauber

TAROT-
Schutzzauber

TAROTKARTEN Der Kaiser (Verteidigung), der Stern (neue Kraft und Stärke), der Wagen (Schutz der persönlichen Grenzen), die Vier der Stäbe (Schutz für dich und deine Lieben)

HILFSMITTEL Messer, schwarze Kerze (Schutz), Mörser und Stößel, Papier, Teller, schwarzer Turmalin (Schutz), Feuerzeug

ZUTATEN Etwas Öl, Dill (schützt gegen negative Energie), Rosmarin (Schutz gegen das Böse), Nesseln (schützen deine Grenzen)

BESTER ZEITPUNKT Vollmond oder zunehmender Mond

Dieser Zauber bietet Schutz gegen jede Art negativer oder unerwünschter Energie. Der Zeitpunkt ist entscheidend, am besten wirkt er bei Vollmond, wenn der Mond den Höhepunkt seiner Kraft erreicht. Da es darum geht, Schutz für dich heranzuholen oder ihn zu verstärken, wirkt der Zauber auch bei zunehmendem Mond, wenn der Mond am Himmel sichtbar größer wird. Die Worte „So soll es sein" werden am Ende des Zaubers gesprochen und dienen dazu, deine magische Arbeit zu besiegeln und die Energie, die dadurch hervorgerufen wurde, ins Universum zu schicken, damit dein Vorhaben umgesetzt werden kann.

Methode

1. Ritze mit einem Messer die Runde „Algiz" in das Wachs der schwarzen Kerze. Sie ist die Schutzrune.
2. Gib von jedem Kraut etwas in den Mörser und zermahle alles grob mit dem Stößel.
3. Gib einige Tropfen Öl (jede Art eignet sich) auf die schwarze Kerze und reibe sie komplett damit ein.
4. Gib eine dünne Schicht der zerstoßenen Kräuter auf ein Stück Papier.
5. Roll die Kerze vorsichtig durch die Kräuter.
6. Leg die Tarotkarten, die du verwendest, auf einen Teller.
7. Platziere die schwarze Kerze und den schwarzen Turmalin auf den Teller zu den Karten.
8. Entzünde die Kerze. Wenn sie brennt, sprich: „Möge ich beschützt sein vor jedem Übel. Ich bitte um Verteidigung, damit ich beschützt bin vor jeder negativen oder unerwünschten Energie. So soll es sein."
9. Lass die Kerzen abbrennen oder puste sie sanft aus.
10. Trag den schwarzen Turmalin bei dir, damit er dich am Tag beschützen kann.

Tarot-Zauber *für Wohlstand*

TAROTKARTEN Die Sonne (Fülle allgemein), die Zehn der Münzen (finanzielle Fülle), das Ass der Münzen (finanzielle Neuanfänge), die Neun der Kelche (Fülle und Zufriedenheit), das Rad des Schicksals (Glück)

HILFSMITTEL Schüssel, Citrin (Wohlstand), grüner Aventurin (hilft bei der Manifestation von Wohlstand und Gedeihen), Münzen oder Geldscheine (deine Wahl)

ZUTATEN Basilikum (Geld), Minze (Wohlstand), Kamille (Reichtum), Reis (Wohlstand). Verwende getrocknete Kräuter

BESTER ZEITPUNKT Vollmond oder zunehmender Mond

Dieser Zauber hilft, jede Art von Wohlstand anzuziehen, die du in deinem Leben willkommen heißen möchtest. Beginne entweder bei Vollmond oder zunehmendem Mond. Da es bei diesem Zauber darum geht, Wohlstand anzuziehen, funktioniert er am besten, wenn der Mond auf dem Höhepunkt seiner Kraft ist oder wenn der Mond am Himmel scheinbar an Größe zunimmt, während er sich dem Vollmond nähert.

Methode

1. Hol dir Schüssel, Hilfsmittel und Zutaten.
2. Nimm einen Esslöffel Kräuter und einen Teelöffel Reis und verstreu sie über die Schüssel.
3. Vermisch sie mit den Fingern und konzentriere dich dabei auf die Art des Wohlstands, den du anziehen möchtest.
4. Gib die Kristalle hinzu und konzentriere dich weiter auf diesen Wohlstand.
5. Leg jetzt die Tarotkarten in die Schüssel.
6. Und schließlich gibst du Münzen oder Geldscheine mit in die Schüssel und sprichst dreimal folgende Worte: „Geld fließt, Geld vermehrt sich, ich rufe den Wohlstand für mich herbei."
7. Stell die Schüssel des Wohlstands dorthin, wo du sie im Alltag oft siehst.
8. Um den Wohlstand im Fluss zu halten, gib regelmäßig neue Dinge in die Schüssel: Geld, entsprechende Kräuter, Kristalle oder Symbole für den Wohlstand, den du anziehen möchtest. Es ist auch wichtig, der Schüssel die alten Symbole zu entnehmen, sonst stagniert die Energie des Rituals.

Tarot-Zauber für Wohlstand

Tarot-Zauber fürs Loslassen

TAROTKARTEN Der Gehängte (hilft dir beim Loslassen), der Tod (Neufang), der Stern (Hoffnung), die Kraft (Kraft und Mut)

HILFSMITTEL Mörser und Stößel, Teller, weiße Kerze (vertreibt alte Energie), Aquamarin (Kraft), rosa Kerze (Heilung), Rosenquarz (Heilung), hellblaue Kerze (Ruhe), blauer Spitzenachat (Frieden), schwarze Kerze (Schutz), Rauchquarz (loslassen), Feuerzeug

ZUTATEN Lorbeerblatt (Kraft), Rosenblüten (Heilung), Lavendel (Frieden), Oregano (loslassen) Mit getrockneten Kräutern funktioniert der Zauber am besten.

BESTER ZEITPUNKT Vollmond

Der Zauber hilft dir, Dinge loszulassen, an denen du festhältst, die dir aber nicht länger nützen – unerwünschte Energien, Situationen, Dinge aus der Vergangenheit oder sogar toxische Menschen. Loszulassen ist niemals einfach. Der Zauber wird am besten während des Vollmonds gewirkt, wenn die Mondenergien am stärksten sind.

Methode

1. Zerstoße ein Lorbeerblatt grob mit je einem Teelöffel der anderen drei Kräuter in einem Mörser oder einem anderen Gefäß.
2. Verstreue die Kräuter über den Teller.
3. Stell die weiße Kerze und den Aquamarin auf den Teller und sprich: „Ich bin stark."
4. Stell die rosa Kerze und den Rosenquarz auf den Teller und sprich: „Ich heile."
5. Stell die hellblaue Kerze und den Spitzenachat auf den Teller und sprich: „Ich empfinde Frieden."
6. Stell die schwarze Kerze und den Rauchquarz auf den Teller und sprich: „Ich lasse los und gebe frei."
7. Entzünde die Kerzen.
8. Wiederhole: „Ich lasse die Dinge los, die nicht meinem höchsten Gut dienen. Ich gebe die Dinge frei, die mich zurückhalten. Ich habe die Kraft, loszulassen, damit ich Frieden und Heilung empfangen kann. So soll es sein."
9. Lass die Kerzen herunterbrennen oder puste sie sanft aus.

Tarot-Zauber fürs Loslassen

XIX
Die Sonne
I
Der Magier
IV
Tarot-Zauber
zur Heilung
XVII
Der Stern
XXI
Die Welt

TAROT-ZAUBER
zur Heilung

TAROTKARTEN Die Welt (Ganzheit), der Magier (Manifestation), der Stern (Erneuerung und Frieden), die Sonne (Kraft), die Vier der Schwerter (Erholung und Ausruhen)

HILFSMITTEL Messer, Mörser und Stößel, Teller, weiße Kerze (Reinigung und Frieden), grüne Kerze (körperliche und emotionale Heilung), schwarze Kerze (Schutz gegen Krankheit), Bergkristall, Amethyst, Name oder Foto der Person, für die der Zauber ist, Feuerzeug

ZUTATEN Ein Teelöffel eines beliebigen Öls, je ein Teelöffel Zimt, Beifuß, Zitronenmelisse, Thymian. Verwende getrocknete Kräuter

BESTER ZEITPUNKT Vollmond

Methode

1. Ritze mit einem Messer die Rune Berkana für Erholung, die Rune Sowilo für Gesundheit und die Rune Dagaz für Hoffnung unten in die Kerzen – alle drei Runen in jede Kerze.
2. Zermahle je einen Teelöffel jedes Krauts zu feinem Pulver.
3. Salbe alle Kerzen mit etwas Öl und wälze sie im Pulver, das an ihnen haften bleibt.
4. Lege die Tarotkarten, die du für diesen Zauber brauchst, auf den Teller.
5. Darauf legst du ein Foto der Person, für die der Zauber ist (du selbst oder jemand anderes), oder schreib den vollen Namen der Person auf ein Stück Papier und verwende das.
6. Stell die Kerzen und Kristalle rund um das Foto auf.
7. Während du die Kerzen entzündest, sprich: „Lass (Name) durch meine Magie heilen. Wenn die Kerzen brennen, verschwindet die Krankheit und die Gesundheit kehrt zurück. So soll es sein.“
8. Lass die Kerzen herunterbrennen oder puste sie sanft aus.

ᛒ *Rune Berkana*

ᛊ *Rune Sowilo*

ᛞ *Rune Dagaz*

Tarot-Zauber zur Überwindung von Hindernissen und Blockaden

Tarot-Zauber zur Überwindung von Hindernissen und Blockaden

TAROTKARTEN Die Kraft (Mut), der Wagen (Entschlossenheit und Erfolg, der Teufel (Verbindungen abbrechen), die Neun der Stäbe (widerstehen, durchhalten und Mut)
HILFSMITTEL Flasche oder Schraubglas, Citrin (Selbstvertrauen), Blutstein (Mut, den Herausforderungen ins Gesicht zu sehen), schwarze Kerze (Entfernung von Hindernissen), Stift und Papier, feuerfeste Platte
ZUTATEN Odermennig (durch Blockaden brechen), Prise Kaffeemehl oder einige Kaffeebohnen (zusätzliche Kraft), Thymian (beseitigt mentale Blockaden). Verwende getrocknete Kräuter.
BESTER ZEITPUNKT Abnehmender Mond oder Neumond

Der Zauber ist perfekt für dich, wenn du dich blockiert fühlst und gegen Schwierigkeiten kämpfst – mental, körperlich oder emotional. Da der Zauber deine Kämpfe schmälern soll, wird er am besten bei abnehmendem Mond vollzogen, wenn der Mond am Himmel scheinbar kleiner wird. Oder bei Neumond, einer Zeit des Neubeginns, wenn du planen kannst, wie du die Hindernisse und Blockaden aus dem Weg räumen möchtest.

Methode

1. Reinige die Flasche, die Hilfsmittel und Zutaten.
2. Gib die Kristalle in die Flasche oder das Schraubglas und denk dabei an die Hindernisse, die es zu überwinden gilt.
3. Dann gibst du je eine Schicht der Zutaten hinein, bis das Gefäß fast voll ist.
4. Schreib auf ein Stück Papier, was dir im Weg steht und was du überwinden möchtest. Lass dir Zeit und sei so genau, wie du kannst.
5. Wenn du fertig bist, verbrenne das Papier in einer feuerfesten Schüssel, bis nur noch Asche übrig ist, als Symbol, dass du deine Blockaden entfernst.
6. Nimm die Asche und gib sie in das Schraubglas, bis es voll ist.
7. Leg den Deckel auf das Glas und versiegle ihn. Dazu zündest du die schwarze Kerze an und lässt Wachs um den Deckel herum tropfen. Dann blas die Kerze aus.
8. Stell das Zauberglas dorthin, wo du es sehen kannst, oder trag es bei dir, wenn es klein genug ist.
9. Schüttle das Glas regelmäßig, um die Energie aufzufrischen.

TAROT-ZAUBER
für romantische Liebe

TAROTKARTEN Die Liebenden (Liebe), das Ass der Kelche (neue romantische Beziehungen), die Zwei der Kelche (Partnerschaft und vereinte Liebe)
HILFSMITTEL Messer, zwei rosa Kerzen (romantische Liebe), ein Teller oder eine feuerfeste Form, Stift und Papier, Rosenquarz (Liebe), Rhodonit (Liebe pflegen), Feuerzeug
ZUTATEN Rosa Rosenblätter (Liebe), Lavendel (zieht Liebe an), Fenchelsamen (lang andauernde Liebe), Teelöffel Honig (Süße), Verwende getrocknete Kräuter
BESTER ZEITPUNKT Zunehmender Mond oder Vollmond

Dieser Zauber wird verwendet, um romantische Liebe in dein Leben zu locken. Da es sich um einen Steigerungszauber handelt, sprich ihm bei zunehmendem Mond oder bei Vollmond.

Methode

1. Reinige die Zutaten und Hilfsmittel.
2. Ritze mit einem Messer oder einem anderen scharfen Gegenstand die vollen Namen der zwei Menschen, die du in Liebe zusammenbringen möchtest, in die Kerzen, ob deinen und einen weiteren Namen oder zwei andere.
3. Reibe etwas Honig auf die Kerzen.
4. Misch die trockenen Kräuter (du brauchst sie nicht zu zermahlen), dann verstreue sie herzförmig über den Teller oder die Form.
5. Stelle die beiden rosa Kerzen in das Herz auf dem Teller oder der Form.
6. Gib dann den Rosenquarz und den Rhodonit in das Herz und denke darbei an die Art Liebe, die du für dich oder jemand anderen anziehen möchtest.
7. Zeichne das Symbol für Venus, den Planeten der Liebe, auf ein Stück Papier und lege es zwischen die rosa Kerzen.
8. Lege die Tarotkarten auf den Teller oder drumherum.
9. Entzünde die Kerzen und konzentriere dich darauf, Liebe zwischen den Leuten, für die die Kerzen stehen, anzuziehen.
10. Lass die Kerzen herabbrennen oder blas sie sanft aus.

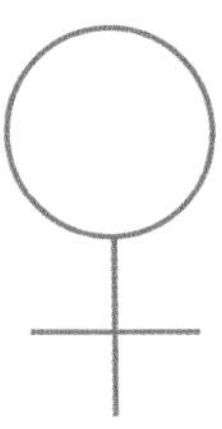

Venus-Symbol

Tarot-Zauber für romantische Liebe

TAROT-ZAUBER *für übersinnliche Fähigkeiten*

TAROTKARTEN Die Hohepriesterin (Verbindung zu deiner Intuition), die Königin der Kelche (starke Intuition), das Ass der Schwerter (geistige Klarheit)
HILFSMITTEL Flasche oder Schraubglas, Stift, Feuerzeug, violette Kerze (repräsentiert deine Intuition)
ZUTATEN Beifuß (übersinnliche Kräfte), Schafgarbe (fördert prophetische Träume), Zimt (erhöht spirituelle Energie), Jasmin-Räucherwerk (für intuitive Verbindung), kleine Amethyste (verstärkte Intuition), Lorbeerblatt (übersinnliche Entwicklung)
Verwende getrocknete Kräuter in deinem Zauberglas.
BESTER ZEITPUNKT Zunehmender Mond oder Vollmond

Der Zauber unterstützt deine Verbindung zu deiner Intuition und die Entwicklung deiner übersinnlichen Fähigkeiten. Da dieser Zauber etwas vergrößern und anziehen soll, wie bereits andere hier aufgeführte Zauber, wirkt er am stärkten bei zunehmendem oder vollem Mond.

Methode

1. Reinige deine Hilfsmittel und Zutaten.
2. Verbrenne Jasmin (lose, Räucherstäbchen oder Räucherkegel), während du den Zauber wirkst. Das verstärkt deine übersinnlichen und intuitiven Fähigkeiten.
3. Nimm eine Flasche oder ein Schraubglas (irgendein Gefäß mit Deckel) und gib die Amethyste hinein.
4. Schreib auf das Lorbeerblatt, um welche übersinnliche Fähigkeit es dir geht (Hellsehen, Hellhören, Hellfühlen o.ä.), und konzentriere dich darauf, während du das Blatt in das Gefäß gibst.
5. Füll das Gefäß mit gleichen Mengen Beifuß, Schafgarbe und Zimt, bis es voll ist.
6. Wenn du losen Jasmin verbrennst, kannst du, wenn du möchtest, auch etwas davon in das Gefäß geben.
7. Verschließe das Gefäß mit dem Deckel und versiegele ihn rundherum mit dem heißen Wachs der violetten Kerze. Puste die Kerze aus.
8. Stelle das Gefäß auf die Tarotkarten und stell es an einen Ort, an dem du daran arbeitest, deine übersinnlichen Fähigkeiten zu entwickeln, etwa dort, wo du das Wahrsagen praktizierst.
9. Schüttle das Gefäß regelmäßig, um die Zutaten zu aktivieren.

Tarot-Zauber für übersinnliche Fähigkeiten

Tarot-Ritual für Stressabbau

TAROT-RITUAL *für Stressabbau*

TAROTKARTEN Die Mäßigkeit (innerer Ausgleich), der Stern (Frieden), die Vier der Schwerter (Ruhe und Erholung)

HILFSMITTEL Feuerzeug, heißes Wasser, Schwamm, dein Lieblingsbecher, Tee-Ei

ZUTATEN Zitronenmelisse (Frieden und Ruhe), Passionsblume (Frieden), Lavendel und Lavendel-Räucherwerk (Frieden und Ruhe), Baldrian (Ruhe), geschliffene Amethyst-Steinchen (lösen Anspannung und Stress), Rosenquarz (Heilung), schwarzer Turmalin (Schutz)
Verwende getrocknete Kräuter für das Ritual.

BESTER ZEITPUNKT Wann immer du es brauchst, aber am besten bei abnehmendem Mond.

Das Ritual ist ideal, wenn du etwas Hilfe beim Stressabbau benötigst. Bereite dir den Tee zu jeder Zeit, aber am besten bei abnehmendem Mond, weil es sich um einen Zauber der Reduktion und Abnahme handelt.

Methode

1. Schaffe dir eine ruhige Umgebung, in der du 10–15 Minuten lang nicht gestört wirst. Verbrenne Lavendel (lose, Stäbchen oder Kegel).
2. Reinige deine Hilfsmittel und Zutaten.
3. Gib die Kräuter zu gleichen Teilen in das Tee-Ei.
4. Gieße heißes (nicht kochendes) Wasser in deinen Lieblingsbecher und lass die Kräuter 3–7 Minuten darin ziehen.
5. Stell die Amethyste, den Rosenquarz und den schwarzen Turmalin rund um den Becher auf oder, wenn du möchtest, halte sie in deiner Hand.
6. Leg die drei Tarotkarten um den Becher herum und meditiere ein paar Minuten über sie.
7. Nimm einen Löffel und rühr deinen Tee gegen den Uhrzeigersinn. In der Hexenkunst wird dadurch etwas gebannt. Während du rührst, visualisiere, wie sich dein Stress abbaut und durch ein Gefühl von Ruhe und Frieden ersetzt wird.
8. Ist dein Tee fertig gezogen, genieße ihn!
9. Trag die Kristalle mit dir über den Tag, damit sie deinen Stress verringern können.

Vorsicht: Lies bitte Seite 153 sorgfältig durch, bevor du dieses Ritual beginnst.

Rituelles Tarot-Bad für Selbstliebe

TAROTKARTEN Die Kaiserin (Selbstliebe) und die Mäßigkeit (innerer Ausgleich und Ruhe)
HILFSMITTEL Badewanne oder Schüssel mit heißem Wasser, weißes Teelicht (Frieden), Messer, Feuerzeug
ZUTATEN 150 g Bittersalz (Tafel- oder Steinsalz sind Alternativen), Rosenblüten (Liebe), Lavendel (Frieden), ätherisches Jasminöl (Erdung), 2 Stück Rosenquarz (Heilung und Selbstliebe)
BESTER ZEITPUNKT: Zunehmender Mond oder Vollmond

Das Baderitual ist großartig, wenn du etwas mehr Selbstliebe brauchst. Es wirkt besser, wenn der Mond zunimmt, denn es geht dabei ums Wachsen, oder bei Vollmond, wenn die Mondenergien am stärksten sind.

Methode

1. Reinige deine Hilfsmittel, Zutaten und das Badezimmer.
2. Lass ein warmes Bad ein.
3. Ritze mit dem Messer in das Wachs des Teelichts die Affirmation: „Ich liebe mich!", dann zünde es an. Stell es an eine sichere Stelle bei der Badewanne.
4. Lege die Tarotkarten neben die Kerze.
5. Gib das Bittersalz mit hinein, dazu einen gehäuften Teelöffel jedes Krautes, 3–4 Tropfen Jasminöl und den Rosenquarz.
6. Visualisiere beim Baden, wie alle negativen Energien abgewaschen werden und durch bedingungslose Selbstliebe ersetzt werden.

Beachte:

- Wenn du keine Badewanne hast, füll warmes Wasser und eine Handvoll Salz in eine Schüssel, einen Teelöffel von jedem Kraut, 1–2 Tropfen Jasminöl und den Rosenquarz. Wasch dich mit dem Wasser von oben bis unten ab.
- Wenn du lieber nicht in losen Kräutern baden möchtest, gib sie in einen Teefilter und diesen in die Schüssel oder Badewanne.

Vorsicht: Wenn du empfindliche Haut hast, die zu allergischen Reaktionen neigt, führe vorher einen Patch-Test mit einem Ansatz oder Aufguss mit den Kräutern durch, die du verwenden möchtest.

XIV
Die Mäßigkeit
Rituelles Tarot-Bad
für die Selbstliebe
IV
Die Kaiserin

SCHLUSSWORT

Tarot zu lernen, ist wie das Erlernen jeder anderen Sprache: Es braucht Zeit, Fleiß und Energie, damit man sie fließend beherrscht. Tarot stellt da keine Ausnahme dar. Wenn du gerade mit Tarot anfängst, kann dir das Ausmaß dessen, was es zu lernen und verstehen gibt, schon mal erdrückend vorkommen. Aber dies ist ein Marathon, kein Sprint, setz dich also nicht zu sehr unter Druck, alles schnell zu lernen. Finde das richtige Tempo für dich. Tarot ist eine lebenslange Reise – wir hören nie auf, zu lernen, du brauchst dich also nicht zu sehr zu beeilen.

Ich wollte ein Buch schreiben, in dem es nicht nur um die Bedeutung von Tarotkarten geht, sondern das eine Orientierung für die ersten Schritte sein soll. Und es sollte praktische Dinge enthalten, die es in den meisten Büchern über Tarot nicht gibt, etwa die Wahl des ersten Decks oder eine machbare Methode, die Karten kennenzulernen. Häufig ist der Anfang das Schwierigste. Wenn du neu bist in der Welt des Tarots, dann hoffe ich inständig, dass mein Buch dir einen guten Startpunkt bietet. Wenn du schon eine Weile praktizierst, möge das Buch dich auf deiner Reise inspirieren und deine Anwendung vertiefen.

LESE-
empfehlungen

ALLGEMEINE BÜCHER ÜBER TAROT

Shawna Blood, Reading the Tarot: The Ultimate Guide to the Rider Waite Tarot Cards

Xanna Eve Chown, The Little Book of Tarot: An Introduction to Fortune-Telling and Divination

Xanna Eve Chown, The Little Book of Tarot: An Introduction to Fortune-Telling and Divination

Brigit Esselmont, Intuitive Tarot.

Mary K. Greer, Tarot for Your Self: A Workbook for Transformation

Benebell Wen, Holistic Tarot: An Integrative Approach to Using Tarot for Personal Growth

Jessica Wiggan, How to Read Tarot: A Modern Guide

Mary K. Greer, 21 Ways to Read a Tarot Card

TAROT FÜR ANFÄNGER

Stefanie Caponi, Tarot-Guide für Einsteiger: Der unverzichtbare Leitfaden für deine Tarotsitzung – Legemethoden, Kartendeutung und Fragestellungen

Lisa Chamberlain, Tarot for Beginners: A Guide to Psychic Tarot Reading, Real Tarot Card Meanings, and Simple Tarot Spreads

Liz Dean, The Ultimate Guide to Tarot: A Beginner's Guide to the Cards, Spreads, and Revealing the Mystery of the Tarot

Brigit Esselmont, Everyday Tarot

Brigit Esselmont, The Ultimate Guide to Tarot Card Meanings

Vivienne Grant, Tarot for Beginners: A Step-by-Step Guide to Tarot Reading and Tarot Spreads Using Tarot Cards

TAROT FÜR FORTGESCHRITTENE

Mary K. Greer, The Complete Book of Tarot Reversals

Mary K. Greer, Understanding the Tarot Court

Deborah Lipp, Tarot Interactions: Become More Intuitive, Psychic & Skilled at Reading Cards

Anthony Louis, Tarot Beyond the Basics: Gain a Deeper Understanding of the Meanings Behind the Cards

Rachel Pollack, Tarot – 78 Stufen der Weisheit: Die Tarotkarten der großen und kleinen Arkana enträtselt

Michelle Tea, Modern Tarot: Connecting with Your Higher Self through the Wisdom of the Cards

TAROT, HEXEREI & ASTROLOGIE

Skye Alexander, Das große Handbuch Hexen-Tarot: Tarotkarten legen & deuten

Verdu Harper, Modern Tarot

Corrine Kenner, Tarot and Astrology: Enhance Your Readings with the Wisdom of the Zodiac

Samantha Novak, Wicca, Witchcraft and Tarot Mastery

Julia Steyson, The Ultimate Guide on Wicca, Witchcraft, Astrology, and Tarot Cards: A Book Uncovering Magic, Mystery, and Spells

Lindsay Squire, The Witch of the Forest's Guide to Astrology Magick

Stichwortverzeichnis

DANKSAGUNG

Ich möchte die Gelegenheit wahrnehmen und jedem einen großen Dank aussprechen, der an der Entstehung dieses Buchs beteiligt war. Was für eine fantastische Reise das war! Zuerst möchte ich allen Leserinnen und Lesern danken und auch der unglaublichen Witch of the Forest-Community bei Instagram für eure Liebe und Unterstützung. Es bedeutet mir alles, dass ihr euch die Zeit genommen und das Buch gelesen habt. Ohne euch wäre nichts davon möglich gewesen, ich habe keine Worte für meine Dankbarkeit.

Ich danke jedem bei Leaping Hare Press und Quarto für ihre Unterstützung und Arbeit, ganz besonders Chloe, Mel und Lydia für ihren Glauben an mich sowie Viki, die meinen Worten immer wieder mit ihren wunderbaren Illustrationen Lebendigkeit verleiht. Die Arbeit mit euch allen war wunderbar, ich danke euch sehr, dass ihr diesen Traum mit mir wahrgemacht habt.

Ich danke meiner Familie, speziell meiner Mutter, meinem Vater und meiner schönen Seelenschwester Rachael für ihre Unterstützung und unerschütterliche Liebe. Durch euch konnte ich an mich selbst glauben, auch in den Momenten, in denen ich an mir selbst zweifelte.